Der Berg ruft

Von Frank Kralemann

Buchbeschreibung:

Warum ausgerechnet das Bild des Bergsteigens? Weil es die Essenz des menschlichen Strebens perfekt einfängt. Ein Berg ist sichtbar, konkret, herausfordernd. Er steht da, unwandelbar, und wartet. Er fragt nicht nach perfekter Vorbereitung. Er existiert einfach, als Möglichkeit und als Einladung zugleich.

Der Berg repräsentiert all das, was wir in unserem Leben erreichen wollen: den Traumjob, die erfüllende Beziehung, das kreative Projekt, die persönliche Transformation. Er ist das, was uns ruft und gleichzeitig Angst macht. Er ist Verheißung und Bedrohung in einem.

Und genau wie beim echten Bergsteigen gibt es auch im Leben diejenigen, die reden, und diejenigen, die gehen. Diejenigen, die Ausrüstung sammeln, und diejenigen, die Gipfel sammeln. Diejenigen, die vom Aufstieg träumen, und diejenigen, die schwitzend und keuchend, aber glücklich einen Fuß vor den anderen setzen.

Dieses Buch handelt von ihnen. Von uns. Von all jenen, die am Fuße des Berges stehen und nach oben starren, während sie sich einreden, noch nicht bereit zu sein. Es handelt von der modernen Krankheit der ewigen Vorbereitung und vom Mut, endlich den ersten Schritt zu wagen.

Über den Autor:

Leben und Schreiben sind für Frank Kralemann untrennbar miteinander verbunden. Dies spiegelt sich nicht nur in seinen Texten wider, sondern auch in seiner Lebensweise. Seine Passion für das Laufen, besonders auf den langen, meditativen Strecken durch die malerischen Landschaften des Teutoburger Waldes, ist für ihn mehr als nur ein Hobby. Es ist eine Quelle der Inspiration und eine Möglichkeit, den Geist zu klären, was unmittelbar in seine kreative Arbeit einfließt. Diese physische Aktivität erlaubt ihm, mit neuen Ideen zu experimentieren und Gedanken zu ordnen, was seinen Schreibprozess maßgeblich bereichert.

Sein Ansatz, das Leben in seiner ganzen Fülle zu leben und zu schreiben, hat Frank Kralemann zu einem geschätzten Mitglied der literarischen Gemeinschaft gemacht. Seine Werke, die von persönlichen Erfahrungen und einer tiefen Beobachtungsgabe geprägt sind, laden Leser aller Altersklassen dazu ein, die Welt durch seine Augen zu sehen und vielleicht auch ein Stück weit durch seine Worte inspiriert, ihr eigenes Leben reicher zu gestalten.

Frank Kralemann ist Vater und Großvater. Er schreibt seit 2007. Außer Ratgebern und Sachbüchern hat er auch Gedichtbände und Kinderbücher geschrieben.

Inhaltsverzeichnis

Der Berg ruft

Warum morgen zu spät ist

von Frank Kralemann

1. Auflage, 2025 Frank Kralemann

© 2025 Alle Rechte vorbehalten.

Verlag: BoD · Books on Demand GmbH,
Überseering 33, 22297 Hamburg,
bod@bod.de
Druck: Libri Plureos GmbH, Friedensallee
273, 22763 Hamburg

ISBN: 978-3-8192-1319-9

Der Berg

Der Berg ruft und du hörst ihn, aber du packst noch immer deinen Rucksack. Der Berg ruft und du weißt, dass er wartet, aber du suchst noch immer deine Schuhe. Worauf wartest du? Das Wetter wird nicht besser, die Angst wird nicht kleiner, der Weg wird nicht kürzer. Du sagst: Ich bin nicht bereit. Du sagst: Morgen vielleicht. Du sagst: Wenn ich stärker bin. Aber der Berg ruft heute und heute bist du hier und heute sind deine Füße da um zu gehen. Das Zögern macht den Berg nicht niedriger. Das Zögern macht dich nicht mutiger. Steig auf, einen Schritt, noch einen Schritt. Der Berg wartet, aber nicht ewig.

F. Kralemann

Einleitung: Am Fuße des Berges

Es war an einem nebligen Novembermorgen, als ich Thomas traf. Er stand vor einem Bergsportgeschäft in München, die Nase an der Schaufensterscheibe, und studierte die neueste Kollektion ultraleichter Kletterseile. "Das da", sagte er und deutete auf ein neongelbes Seil, "das ist 15 Gramm leichter als meins. Stell dir vor, was das auf einer langen Tour ausmacht!"

Thomas sammelte seit fünfzehn Jahren Bergausrüstung. Sein Keller glich einem professionellen Ausrüstungslager: Seile in allen Längen und Stärken, Karabiner für jede erdenkliche Situation, drei verschiedene Zelte, fünf Paar Bergschuhe, GPS-Geräte, Höhenmesser, Lawinenpiepser. Er kannte jede technische Spezifikation, jede Materialeigenschaft, jeden Test aus den Fachzeitschriften. Es gab nur ein Problem: Thomas war noch nie auf einem richtigen Berg gewesen.

"Ich bin noch nicht soweit", erklärte er mir bei einem Kaffee. "Nächstes Jahr vielleicht. Ich muss erst noch den Kletterkurs machen. Und meine Kondition verbessern. Außerdem ist die Ausrüstung noch nicht komplett. Ich brauche noch..."

Die Liste war endlos.

Thomas ist kein Einzelfall. Er ist das perfekte Sinnbild für eine Generation, die ihr Leben mit Vorbereitung verbringt. Menschen, die Ratgeber über Ratgeber lesen, aber nie handeln. Die Kurse über Kurse belegen, aber nie ihr Wissen anwenden. Die planen und planen und planen - und dabei vergessen zu leben.

Dieses Buch handelt von ihnen. Von uns. Von all jenen, die am Fuße des Berges stehen und nach oben starren, während sie sich einreden, noch nicht bereit zu sein. Es handelt von der modernen Krankheit der ewigen Vorbereitung und vom Mut, endlich den ersten Schritt zu wagen.

Warum dieses Buch jetzt wichtig ist

Wir leben in einer Zeit unbegrenzter Möglichkeiten. Nie zuvor hatten Menschen Zugang zu so viel Wissen, so vielen Werkzeugen, so vielen Optionen. Und paradoxerweise hat genau das zu einer Lähmung geführt. Je mehr Möglichkeiten wir haben, desto schwerer fällt es uns, eine zu wählen und ihr zu folgen.

Die digitale Revolution hat uns zu Sammlern gemacht. Wir sammeln Informationen, Online-Kurse, Apps, Kontakte, Möglichkeiten. Unsere Festplatten sind voll mit ungenutzten E-Books, unsere Browser-Lesezeichen quellen über vor "Später lesen"-Artikeln, unsere To-Do-Listen werden länger statt kürzer. Wir bereiten uns auf ein Leben vor, das wir niemals leben werden, weil wir zu beschäftigt damit sind, uns vorzubereiten.

Die Pandemie hat diese Tendenz noch verstärkt. Viele Menschen haben die erzwungene Pause genutzt, um noch mehr zu planen, noch mehr zu

lernen, noch mehr Ausrüstung zu sammeln.
"Nach Corona" wurde zum neuen "Morgen" - der
Zeitpunkt, an dem endlich alles beginnen sollte.
Doch als die Welt wieder öffnete, blieben viele in
ihren Vorbereitungen gefangen.

Die Bergmetapher als Spiegel unseres Lebens

Warum ausgerechnet das Bild des Bergsteigens?
Weil es die Essenz des menschlichen Strebens
perfekt einfängt. Ein Berg ist sichtbar, konkret,
herausfordernd. Er steht da, unwandelbar, und
wartet. Er fragt nicht nach perfekter Vorbereitung.
Er existiert einfach, als Möglichkeit und als
Einladung zugleich.

Der Berg repräsentiert all das, was wir in unserem
Leben erreichen wollen: den Traumjob, die
erfüllende Beziehung, das kreative Projekt, die
persönliche Transformation. Er ist das, was uns
ruft und gleichzeitig Angst macht. Er ist
Verheißung und Bedrohung in einem.

Und genau wie beim echten Bergsteigen gibt es
auch im Leben diejenigen, die reden, und
diejenigen, die gehen. Diejenigen, die Ausrüstung

sammeln, und diejenigen, die Gipfel sammeln. Diejenigen, die vom Aufstieg träumen, und diejenigen, die schwitzend und keuchend, aber glücklich einen Fuß vor den anderen setzen.

Was Sie von diesem Buch erwarten können

Dies ist kein weiterer Ratgeber, der Ihrer Sammlung hinzugefügt werden soll. Es ist ein Weckruf. Ein freundlicher, aber bestimmter Stups in Richtung Ihrer eigenen Berge.

Sie werden keine 10-Punkte-Pläne finden oder Erfolgsformeln, die Ihnen versprechen, in 30 Tagen Ihr Leben zu verändern. Stattdessen werden Sie Geschichten lesen von Menschen wie Thomas, die den Mut gefunden haben, ihre Komfortzone zu verlassen. Sie werden verstehen lernen, warum wir uns so gerne in der Vorbereitung verlieren und wie wir diesem Muster entkommen können.

Vor allem aber werden Sie eine neue Perspektive gewinnen: dass das Leben nicht in der perfekten Ausrüstung liegt, sondern im Gehen selbst. Dass der Berg nicht bezwungen werden muss, sondern erlebt. Dass jeder Schritt zählt, auch der unsichere, auch der kleine, auch der in die falsche Richtung.

Wenn Sie dieses Buch zu Ende gelesen haben, wird sich etwas verändert haben. Nicht weil ich Ihnen sage, was Sie tun sollen, sondern weil Sie selbst erkennen werden, was Sie schon immer wussten: Der Berg wartet. Er wartet heute. Er wartet jetzt. Und die einzige Ausrüstung, die Sie wirklich brauchen, tragen Sie bereits in sich: den Mut zum ersten Schritt.

Lassen Sie uns gemeinsam aufbrechen. Der Weg beginnt hier.

Kapitel 1: Das Basislager der Sorge

1.1 Die Illusion der perfekten Vorbereitung

Maria sitzt an ihrem Schreibtisch, umgeben von Stapeln von Büchern über Unternehmensgründung. Auf ihrem Laptop sind 47 Browser-Tabs geöffnet: Artikel über Businesspläne, Finanzierungsmodelle, Marketingstrategien. Ihr Notizbuch ist vollgeschrieben mit Ideen, Konzepten, möglichen Firmennamen. Seit drei Jahren plant sie ihr eigenes Café. Seit drei Jahren ist sie "fast soweit".

"Ich muss nur noch den Kurs über Kaffeeröstung machen", erklärt sie beim Mittagessen einer Freundin. "Und dann sollte ich vielleicht noch ein Praktikum in einem erfolgreichen Café absolvieren. Der Businessplan ist auch noch nicht perfekt. Die Finanzierung... naja, da gibt es noch ein paar offene Fragen. Aber bald, wirklich bald, fange ich an."

Die Freundin, die dieses Gespräch nun zum zehnten Mal führt, nickt müde. Sie kennt das Muster. Maria lebt in der Illusion der perfekten Vorbereitung - dem Glauben, dass es einen magischen Moment geben wird, in dem alle Sterne richtig stehen, alle Fragen beantwortet sind, alle Risiken eliminiert wurden. Erst dann, so ihre Überzeugung, kann sie beginnen.

Diese Illusion ist eine der größten Lügen, die wir uns selbst erzählen. Sie basiert auf mehreren Trugschlüssen:

Der Trugschluss der vollständigen Information: Wir glauben, wir könnten alle relevanten Informationen sammeln, bevor wir handeln. Doch die Realität ist: Das Leben ist kein statisches System. Während wir Informationen sammeln, verändert sich die Welt. Die perfekte

Karte existiert nicht, weil sich die Landschaft ständig wandelt.

Der Trugschluss der Risikofreiheit: Wir warten auf den Moment, in dem alle Risiken ausgeräumt sind. Aber ein risikofreies Leben ist ein Widerspruch in sich. Selbst das Nicht-Handeln birgt Risiken - oft größere als das Handeln selbst. Maria riskiert, dass ihre Leidenschaft erlischt, dass ihre Ersparnisse durch Inflation schwinden, dass jemand anders ihre Idee umsetzt.

Der Trugschluss der linearen Vorbereitung: Wir denken, Vorbereitung führe linear zum Erfolg: Je mehr wir uns vorbereiten, desto erfolgreicher werden wir sein. Doch ab einem gewissen Punkt wird zusätzliche Vorbereitung kontraproduktiv. Sie wird zur Vermeidungsstrategie, zur elaborierten Form der Prokrastination.

Der Mythos vom richtigen Zeitpunkt

"Timing ist alles", hören wir oft. Und ja, Timing spielt eine Rolle. Aber der "perfekte Zeitpunkt" ist ein Mythos, eine Fata Morgana, der wir nachjagen, während das Leben an uns vorbeizieht.

Denken Sie an die großen Bergsteiger der Geschichte. Edmund Hillary wartete nicht auf perfekte Bedingungen, als er 1953 den Mount

Everest bestieg. Die Technologie war primitiv, die Ausrüstung schwer, das Wissen über Höhenkrankheit begrenzt. Nach heutigen Standards war es der "falsche Zeitpunkt". Aber er ging trotzdem.

Der richtige Zeitpunkt ist fast immer: jetzt. Nicht weil die Bedingungen perfekt wären, sondern weil das Warten selbst das größte Hindernis ist. Jeder Tag, den wir mit Warten verbringen, ist ein Tag weniger Erfahrung, ein Tag weniger Lernen durch Tun, ein Tag weniger Leben.

Wie Vorbereitung zur Prokrastination wird

Es gibt eine gesunde Form der Vorbereitung. Niemand sollte unvorbereitet einen Achttausender besteigen. Aber es gibt einen Punkt, an dem Vorbereitung von einer notwendigen Phase zu einer Lebensform wird. Dieser Übergang ist oft schleichend und schwer zu erkennen.

Die Anzeichen sind subtil:

- Die Vorbereitungszeit wird immer länger, die Standards immer höher

- Neue "notwendige" Vorbereitungen tauchen auf, sobald alte abgeschlossen sind

- Die Vorbereitung wird detaillierter und spezifischer, verliert aber den Bezug zum eigentlichen Ziel

- Das Sammeln von Ressourcen wird wichtiger als deren Nutzung

- Die Identität verschiebt sich vom "Ich werde..." zum "Ich bereite mich vor auf..."

Robert, ein Programmierer Mitte vierzig, wollte immer einen Roman schreiben. Er las Bücher über das Schreiben, besuchte Workshops, analysierte die Werke großer Autoren. Er kaufte spezielle Software, richtete den perfekten Schreibplatz ein, plante die Handlung bis ins kleinste Detail. Nach zehn Jahren hatte er alles außer einem: geschriebene Seiten.

"Ich forsche noch", sagte er, wenn Freunde fragten. Aber seine "Forschung" war zur Flucht geworden. Jede neue Schreibtechnik, die er lernte, jedes neue Buch über das Handwerk, das er las, entfernte ihn weiter vom eigentlichen Akt

des Schreibens. Die Vorbereitung war zur
Ersatzhandlung geworden.

Die Komfortzone als goldener Käfig

Das Basislager der Sorge ist komfortabel. Es ist
warm, sicher, überschaubar. Hier kennen wir uns
aus. Hier können wir träumen, ohne zu riskieren.
Planen, ohne zu scheitern. Hoffen, ohne
enttäuscht zu werden.

Unsere Komfortzone ist wie ein gut
eingerichtetes Basislager am Fuß des Berges. Es
hat alles, was wir brauchen: Schutz vor den
Elementen, Gesellschaft von Gleichgesinnten, die
Illusion von Fortschritt durch ständige Aktivität.
Wir können hier Jahre verbringen, uns beschäftigt
fühlen, produktiv wirken - und doch keinen Meter
Höhe gewinnen.

Der Psychologe Barry Schwartz prägte den
Begriff "Paradox of Choice" - das Paradox der
Wahl. Je mehr Optionen wir haben, desto
schwerer fällt uns die Entscheidung, desto
unzufriedener sind wir mit unserer Wahl. Im
Basislager der Sorge haben wir unendliche
Optionen. Wir können immer noch einen Kurs
machen, noch ein Buch lesen, noch eine

Ausrüstung kaufen. Diese Fülle an Möglichkeiten hält uns gefangen.

Sarah, eine talentierte Grafikdesignerin, lebte fünf Jahre in diesem goldenen Käfig. Sie wollte sich selbstständig machen, aber... "Der Markt ist so umkämpft", sagte sie. "Ich muss erst noch besser werden. Noch ein Portfolio aufbauen. Noch mehr Kontakte knüpfen. Noch die neueste Software beherrschen."

Währenddessen arbeitete sie in einer Agentur, die sie auszehrte. Jeden Abend kam sie erschöpft nach Hause, zu müde für ihre eigenen Projekte. Die Wochenenden verbrachte sie mit Tutorials und Online-Kursen. Sie bereitete sich auf ein Leben vor, das sie nie führen würde, weil die Vorbereitung all ihre Energie verschlang.

1.2 Die Architektur der Ausrede

"Noch nicht bereit" - diese drei Worte sind die Grundpfeiler eines ausgeklügelten Systems von Ausreden, das wir um unsere Ängste herum errichten. Es ist eine Architektur, so komplex und durchdacht wie die großen Kathedralen, nur dass sie nicht der Anbetung dient, sondern der Vermeidung.

"Noch nicht bereit" - Die beliebteste Lüge

Die Phrase "noch nicht bereit" ist so verführerisch, weil sie eine Teilwahrheit enthält. Natürlich sind wir nie vollständig bereit für neue Herausforderungen. Niemand ist vollständig bereit für die Elternschaft, bevor das erste Kind kommt. Niemand ist vollständig bereit für einen neuen Job, eine neue Beziehung, ein neues Abenteuer.

Aber "noch nicht bereit" suggeriert, dass es einen Zustand der Bereitschaft gibt, den wir erreichen können. Dass wir durch genug Vorbereitung einen Punkt erreichen, an dem wir sagen können: "Jetzt bin ich bereit." Dieser Punkt ist eine Illusion.

Michael, ein Vertriebsleiter, träumte davon, Lehrer zu werden. "Ich bin noch nicht bereit", sagte er Jahr für Jahr. "Ich muss erst finanziell abgesichert sein. Die Kinder müssen größer sein. Ich muss noch mehr über Pädagogik lernen." Mit 55 erkannte er, dass "noch nicht bereit" sein Mantra geworden war, seine Art, sich vor der Veränderung zu schützen, die er gleichzeitig ersehnte und fürchtete.

Die Wahrheit ist: Wir werden durch das Tun bereit, nicht durch das Warten. Ein Bergsteiger wird nicht im Fitnessstudio zum Bergsteiger, sondern am Berg. Ein Schwimmer lernt nicht an Land schwimmen. Und wir lernen nicht zu leben, indem wir uns auf das Leben vorbereiten.

Wie wir uns selbst sabotieren

Die Selbstsabotage ist ein Meisterwerk der unbewussten Kreativität. Wir erschaffen Hindernisse, wo keine sind, erfinden Anforderungen, die niemand gestellt hat, setzen Standards, die unmöglich zu erreichen sind.

Lisa wollte einen Blog starten. Statt einfach zu beginnen, erstellte sie eine Liste von Voraussetzungen:

- Perfektes Design der Website

- Mindestens 20 Artikel im Voraus geschrieben

- Professionelle Fotos

- Ausgefeilte Social-Media-Strategie

- Detaillierter Redaktionsplan für ein Jahr

Jeder dieser Punkte wurde wieder unterteilt, verfeinert, verkompliziert. Das Design musste nicht nur gut sein, es musste preiswürdig sein. Die Artikel mussten nicht nur geschrieben, sondern SEO-optimiert sein. Die Fotos brauchten ein einheitliches Farbschema. Nach zwei Jahren Planung hatte sie immer noch keinen einzigen Artikel veröffentlicht.

Diese Selbstsabotage folgt oft einem Muster:

Perfektion als Ausrede: Wir setzen unmöglich hohe Standards und nutzen dann unser Nicht-Erreichen dieser Standards als Grund, nicht zu beginnen. "Wenn ich es nicht perfekt machen kann, mache ich es gar nicht."

Verkomplizierung: Wir machen aus einfachen Aufgaben komplexe Projekte. Der erste Schritt wird zu einer Expedition, die so viel Vorbereitung erfordert, dass wir nie aufbrechen.

Ablenkung durch Nebensächlichkeiten: Wir fokussieren uns auf Details, die keine Rolle spielen. Wie der angehende Autor, der Wochen damit verbringt, die perfekte Schriftart zu wählen, statt zu schreiben.

Das Impostor-Syndrom: Wir reden uns ein, nicht gut genug zu sein, nicht das Recht zu haben, unsere Träume zu verfolgen. "Wer bin ich schon, um...?"

Die Angst vor dem ersten Schritt

Der erste Schritt ist der schwerste, nicht weil er technisch anspruchsvoll wäre, sondern weil er alles verändert. Mit dem ersten Schritt verlassen wir die Welt der Möglichkeiten und betreten die Welt der Tatsachen. Und Tatsachen können enttäuschen.

Solange Maria nur von ihrem Café träumt, kann es das perfekte Café sein. Sobald sie es eröffnet, wird es ein reales Café mit realen Problemen: schwierige Kunden, defekte Kaffeemaschinen, unerwartete Kosten. Der Traum muss sich der Realität stellen.

Diese Angst vor der Konfrontation mit der Realität ist tief in uns verwurzelt. Als Kinder lernten viele von uns, dass Fehler bestraft werden, dass Scheitern beschämend ist. Also entwickelten wir Strategien, um Fehler zu vermeiden - und die effektivste Strategie ist: gar nicht erst anzufangen.

Thomas, unser Ausrüstungssammler vom Anfang, gestand mir einmal: "Weißt du, was meine größte Angst ist? Dass ich auf den Berg steige und merke, dass ich es hasse. Dass all die Jahre der Vorbereitung, all die Träume, all die Ausrüstung für etwas waren, das mir gar nicht gefällt. Solange ich nicht gehe, kann ich mir einreden, dass es großartig sein wird."

Diese Angst vor Desillusionierung hält viele Menschen gefangen. Lieber in der Fantasie leben als in einer möglicherweise enttäuschenden Realität. Aber was Thomas nicht versteht: Selbst wenn er das Bergsteigen hasst, wäre das eine wertvolle Erkenntnis. Er könnte aufhören, Ausrüstung zu sammeln, und seine Energie in etwas investieren, das ihm wirklich Freude macht.

1.3 Das Leben im Warteraum

Stellen Sie sich einen Warteraum vor. Nicht den sterilen Warteraum einer Arztpraxis, sondern einen komfortablen, gut ausgestatteten Raum. Es gibt bequeme Sessel, interessante Zeitschriften, kostenloses WLAN, Kaffee und Snacks. Die Temperatur ist perfekt, die Musik angenehm. Man könnte es hier aushalten. Man könnte hier sogar Jahre verbringen.

Genau das tun viele von uns. Wir haben uns im Warteraum des Lebens eingerichtet, so komfortabel, dass wir vergessen haben, worauf wir eigentlich warten.

Geschichten von Menschen, die ewig warten

David wartet seit seinem Universitätsabschluss vor fünfzehn Jahren auf den "richtigen Job". Er arbeitet in Positionen, die "okay" sind, die "vorübergehend" sind, die ihm helfen, "über die Runden zu kommen". Dabei wartet er auf die Stellenausschreibung, die perfekt zu ihm passt, die all seine Talente fordert, die seiner wahren Berufung entspricht.

Was David nicht realisiert: Während er wartet, verkümmern seine Talente. Seine Fähigkeiten, einst scharf und bereit, werden stumpf durch Nichtgebrauch. Die Leidenschaft, die ihn einst antrieb, erlischt langsam unter der Asche der Routine. Der "richtige Job", sollte er jemals auftauchen, würde einen David finden, der nicht mehr der David ist, der ihn hätte ausfüllen können.

Anna wartet auf die große Liebe. Nach einer schmerzhaften Trennung vor sieben Jahren hat sie sich geschworen, nur noch für den "Richtigen" ihr Herz zu öffnen. Sie geht auf Dates, trifft interessante Menschen, aber niemand entspricht ihrer Vorstellung vom perfekten Partner. Also wartet sie weiter, während die Jahre vergehen und ihre Fähigkeit zu vertrauen, sich zu öffnen, verletzlich zu sein, langsam verkümmert.

Peter wartet darauf, abzunehmen, bevor er wieder Sport macht. "Ich bin zu schwer für Joggen", sagt er. "Ich muss erst abnehmen, dann fange ich an zu laufen." Die Logik ist verdreht, aber für Peter macht sie Sinn. Er wartet auf einen Zustand, den er nur durch die Aktivität erreichen kann, die er vermeidet, weil er den Zustand noch nicht erreicht hat.

Diese Geschichten mögen extrem klingen, aber schauen Sie sich um. Schauen Sie in den Spiegel. Worauf warten Sie? Auf mehr Geld, bevor Sie sich Ihren Traum erfüllen? Auf mehr Zeit, bevor Sie das Projekt starten? Auf mehr Wissen, bevor Sie sich als Experte positionieren? Auf weniger Angst, bevor Sie mutig sind?

Die Kosten des Nicht-Handelns

Wir neigen dazu, die Risiken des Handelns zu überschätzen und die Kosten des Nicht-Handelns zu unterschätzen. Dabei sind die Kosten des Wartens oft verheerend:

Verlorene Zeit: Die offensichtlichsten Kosten. Jahre, die nicht zurückkommen. Erfahrungen, die nicht gemacht werden. Wachstum, das nicht stattfindet.

Verkümmerte Fähigkeiten: Use it or lose it. Fähigkeiten, Talente, Leidenschaften brauchen Nahrung durch Anwendung. Im Warteraum verhungern sie langsam.

Schwindende Energie: Mit jedem Jahr des Wartens wird es schwerer, aufzubrechen. Die Komfortzone wird gemütlicher, die Angst vor

Veränderung größer, die Energie für Neues geringer.

Verpasste Gelegenheiten: Während wir auf die perfekte Gelegenheit warten, ziehen gute Gelegenheiten an uns vorbei. Das Leben bietet selten zweimal an.

Bereuen: Der schlimmste aller Kosten. Am Ende des Lebens bereuen Menschen selten, was sie getan haben. Sie bereuen, was sie nicht getan haben.

Julia, heute 67, erzählt: "Mit 35 wollte ich eine Weltreise machen. Aber es war nie der richtige Zeitpunkt. Zu jung, zu viele Verpflichtungen, zu wenig Geld. Mit 45 wollte ich es wieder, aber da waren die Kinder in der schwierigen Phase. Mit 55 war es die Karriere, mit 60 die Gesundheit meines Mannes. Jetzt, mit künstlichen Knien und nachlassender Energie, frage ich mich: Worauf habe ich gewartet?"

Wenn Vorbereitung zur Identität wird

Das vielleicht tragischste am Leben im Warteraum ist, wenn das Warten selbst zur

Identität wird. Wenn wir uns so sehr als "zukünftige Bergsteiger" definieren, dass das tatsächliche Bergsteigen unsere Identität bedrohen würde.

Stefan ist seit zwanzig Jahren der "angehende Unternehmer" in seinem Freundeskreis. Bei jedem Treffen hat er neue Ideen, neue Pläne, neue Strategien. Seine Freunde haben aufgehört zu fragen, wann er endlich startet. Sie wissen, dass Stefan der ewige Planer ist. Es ist seine Rolle, seine Identität.

Was würde passieren, wenn Stefan tatsächlich ein Unternehmen gründen würde? Er müsste sich einer neuen Realität stellen: Erfolg oder Misserfolg, aber auf jeden Fall das Ende der komfortablen Rolle des "Möchtegern". Er wäre nicht mehr der mit dem Potenzial, sondern der mit den Resultaten - oder deren Fehlen.

Diese Identitätsfalle ist besonders tückisch, weil sie sich selbst verstärkt:

- Je länger wir warten, desto mehr wird das Warten zu dem, was uns definiert

- Je mehr wir uns als Wartende definieren, desto bedrohlicher wird das Handeln

- Je bedrohlicher das Handeln wird, desto mehr Gründe finden wir zu warten

Der Ausweg aus dieser Falle erfordert oft einen radikalen Schnitt, eine bewusste Entscheidung, die alte Identität sterben zu lassen. Es erfordert den Mut, niemand zu sein, bevor wir jemand Neues werden können.

Marina, die jahrelang die "zukünftige Künstlerin" war, beschreibt ihren Durchbruch so: "Eines Morgens wachte ich auf und erkannte: Ich bin 45. Wenn nicht jetzt, wann dann? Ich kündigte meinen Job noch am selben Tag. Es war verrückt, unvernünftig, alles, was man nicht tun sollte. Aber zum ersten Mal in meinem Leben fühlte ich mich lebendig. Nicht mehr die, die Künstlerin werden will, sondern die, die es wagt, eine zu sein - erfolgreich oder nicht."

Der Warteraum des Lebens ist verführerisch komfortabel. Aber Komfort ist nicht dasselbe wie Erfüllung. Sicherheit ist nicht dasselbe wie Lebendigkeit. Und Vorbereitung, so wichtig sie sein mag, ist nicht dasselbe wie Leben.

Der Berg wartet. Nicht auf den perfekten Bergsteiger, sondern auf den, der bereit ist, den ersten Schritt zu wagen. Die Frage ist nicht, ob Sie bereit sind. Die Frage ist, ob Sie bereit sind zu erkennen, dass Sie nie bereit sein werden - und trotzdem gehen.

Kapitel 2: Die Ausrüstungssucht

2.1 Der moderne Sammler

Klaus steht in seinem Arbeitszimmer, das eher einem Ausstellungsraum gleicht. An der Wand hängen fein säuberlich drei verschiedene Gitarren - eine Stratocaster, eine Les Paul, eine Taylor Akustikgitarre. Darunter ein Arsenal an Effektpedalen, Verstärkern, Aufnahmegeräten. Auf seinem Computer sind Dutzende von Musikprogrammen installiert, Tausende von Samples gespeichert, unzählige Tutorials heruntergeladen.

"Die Stratocaster hat diesen klassischen Sound", erklärt er begeistert. "Aber für Blues braucht man wirklich eine Les Paul. Und die Taylor, nun ja, für Singer-Songwriter-Sachen ist sie unschlagbar." Er kennt jede technische Spezifikation, jeden historischen Hintergrund, jede klangliche Nuance.

Es gibt nur ein Problem: Klaus kann kaum drei Akkorde spielen.

Er ist der Prototyp des modernen Sammlers. Nicht mehr Briefmarken oder Münzen sind es, die gehortet werden, sondern Werkzeuge für ungelebte Leben. Ausrüstung für Abenteuer, die nie stattfinden. Equipment für Transformationen, die nie beginnen.

Vom nötigen zum übertriebenen Equipment

Es begann unschuldig. Klaus wollte Gitarre lernen, also kaufte er eine Gitarre. Soweit völlig vernünftig. Aber dann las er in einem Forum, dass der Verstärker mindestens genauso wichtig sei wie die Gitarre selbst. Also kaufte er einen Verstärker. Dann erfuhr er, dass verschiedene Gitarren verschiedene Sounds produzieren. Eine zweite Gitarre musste her. Effcktpedale, um den Sound zu variieren. Ein besserer Verstärker, weil der erste doch nicht optimal war. Recording-Equipment, um seine Fortschritte festzuhalten - Fortschritte, die nie kamen, weil Klaus mehr Zeit mit Recherche und Einkaufen verbrachte als mit Üben.

Dieses Muster ist überall zu beobachten:

Die angehende Läuferin, die erst die perfekten Laufschuhe braucht, dann die Pulsuhr, dann die

Funktionskleidung für jedes Wetter, dann die Trinkrucksäcke, die Kompressionsstrümpfe, die Lauf-Apps, die Ernährungspläne - aber selten läuft.

Der Hobbykoch mit der Profiküche, der jedes Spezialgerät besitzt - Sous-Vide-Garer, Molekularküchen-Set, japanische Messer für dreistellige Beträge - aber meist Fertiggerichte aufwärmt.

Die Möchtegern-Bloggerin mit dem High-End-Laptop, der Profi-Kamera, den teuren WordPress-Themes, den Social-Media-Planungstools - aber ohne veröffentlichte Artikel.

Was treibt uns zu diesem Verhalten?

Die Industrie der Selbstoptimierung

Ein milliardenschwerer Industriezweig lebt davon, uns einzureden, dass wir nur die richtige Ausrüstung brauchen, um unsere Träume zu verwirklichen. "Du bist nur einen Kauf entfernt von deinem besseren Ich", flüstert die Werbung. Und wir glauben es, weil wir es glauben wollen.

Die Fitnessindustrie verkauft nicht Sport, sie verkauft die Illusion der Transformation durch Konsum. Die neueste Fitnessuhr wird beworben als der Schlüssel zur Gesundheit, als ob das Messen von Schritten dasselbe wäre wie Schritte zu gehen.

Die Produktivitätsindustrie verkauft nicht Effizienz, sie verkauft die Fantasie der perfekten Organisation. Noch eine App, noch ein System, noch ein Gadget, und endlich werden wir die Person, die alles im Griff hat.

Die Kreativindustrie verkauft nicht Kunst, sie verkauft die Vorstellung, dass Kreativität käuflich ist. Die richtige Kamera macht dich zum Fotografen, das richtige Tablet zum Künstler, die richtige Software zum Schriftsteller.

Diese Industrie ist genial darin, unsere tiefsten Ängste und Sehnsüchte anzusprechen:

- Die Angst, nicht gut genug zu sein (aber mit unserem Produkt...)

- Die Sehnsucht nach Transformation (nur einen Klick entfernt...)

- Der Wunsch nach Zugehörigkeit (werde Teil der Community...)

- Die Hoffnung auf Abkürzungen (warum der harte Weg, wenn es auch einfach geht...)

Wenn Werkzeuge wichtiger werden als Ziele

Das Tragische an der Ausrüstungssucht ist, dass die Mittel zum Zweck werden. Der Weg wird nicht nur mit dem Ziel verwechselt - er ersetzt es vollständig.

Beobachten Sie Klaus, wie er stundenlang Gitarren-Reviews auf YouTube schaut. Er kennt die Vor- und Nachteile jedes Modells, jeder Marke, jeder Preisklasse. Er kann eloquent über Tonhölzer referieren, über Pickups philosophieren, über Saitenstärken debattieren. In Foren gilt er als Experte. Anfänger fragen ihn um Rat bei Kaufentscheidungen.

Aber spielen? "Dafür habe ich keine Zeit", sagt Klaus. "Ich recherchiere gerade..."

Die Werkzeuge sind zu seinem Hobby geworden. Das Sammeln, Vergleichen, Optimieren der Ausrüstung gibt ihm das Gefühl, seinem Ziel näher zu kommen, ohne sich der eigentlichen Herausforderung stellen zu müssen: dem mühsamen, frustrierenden, demütigenden Prozess des Lernens.

Dieses Phänomen hat einen Namen: "Gear Acquisition Syndrome" (GAS). Ursprünglich in Musikerkreisen geprägt, beschreibt es die zwanghafte Anschaffung von Equipment als Ersatz für die eigentliche Aktivität. Aber GAS ist nicht auf Musiker beschränkt:

- Fotografen, die mehr Zeit mit dem Vergleich von Objektiven verbringen als mit Fotografieren

- Sportler, die ihre Ausrüstung öfter upgraden als trainieren

- Köche, die mehr Küchengeräte besitzen als Rezepte kochen

- Schriftsteller, die mehr Schreibprogramme testen als Worte schreiben

Die Ausrüstung wird zum Fetisch, zum magischen Objekt, das stellvertretend für die ersehnte Kompetenz steht. "Wenn ich diese Gitarre besitze, bin ich ein Gitarrist." Die Identität wird an den Besitz gekoppelt, nicht an die Fähigkeit.

2.2 Die Lähmung durch Überinformation

Noch nie in der Geschichte der Menschheit hatten wir Zugang zu so viel Information. Und noch nie waren so viele Menschen gelähmt von der schieren Menge an verfügbarem Wissen.

Zu viele Karten, zu wenige Schritte

Stellen Sie sich einen Wanderer vor, der am Startpunkt eines Weges steht. In den Händen hält er nicht eine Karte, sondern hundert. Topografische Karten, Satellitenbilder, historische Karten, Wetterkar ten für die nächsten sechs Monate, geologische Karten, botanische Karten. Dazu Wanderführer, Erfahrungsberichte, Unfallstatistiken, Ausrüstungslisten.

Er studiert sie alle. Vergleicht Routen. Kalkuliert Risiken. Plant Alternativwege. Erstellt Excel-Tabellen mit Zeitplänen. Liest Biografien berühmter Wanderer. Lernt die lateinischen Namen aller Pflanzen, die er unterwegs sehen könnte.

Raten Sie, was er nicht tut? Genau. Wandern.

Das ist die Situation vieler Menschen heute. Sarah will sich selbstständig machen und ertrinkt in Business-Ratgebern. Tom möchte investieren und verliert sich in Finanzblogs. Lisa träumt vom Auswandern und verbringt Jahre in Expat-Foren.

Das Problem ist nicht die Information an sich. Wissen ist wertvoll. Das Problem entsteht, wenn Information zum Selbstzweck wird, wenn das Sammeln von Wissen das Anwenden von Wissen verhindert.

Analysis Paralysis im digitalen Zeitalter

"Analysis Paralysis" - Analyse-Lähmung - beschreibt den Zustand, in dem übermäßige Analyse zur Handlungsunfähigkeit führt. Im digitalen Zeitalter hat dieses Phänomen epidemische Ausmaße angenommen.

Nehmen wir Julia, die ein Restaurant eröffnen möchte. Früher hätte sie vielleicht einen Businessplan geschrieben, einen Kredit aufgenommen und losgelegt. Learning by doing. Heute hat sie Zugriff auf:

- Tausende Artikel über Restaurantgründung

- Hunderte Online-Kurse

- Dutzende Podcasts erfolgreicher Restaurantbesitzer

- Unzählige YouTube-Videos über jeden Aspekt des Geschäfts

- Foren voller Horrorgeschichten gescheiterter Gastronomen

- Statistiken, die zeigen, wie viele Restaurants im ersten Jahr schließen

Julia liest alles. Sie will vorbereitet sein, will die Fehler anderer nicht wiederholen. Aber je mehr sie liest, desto unsicherer wird sie. Jeder Artikel erwähnt neue Risiken. Jeder Experte hat andere Ratschläge. Die Erfolgsgeschichten widersprechen einander. Die Statistiken sind entmutigend.

Nach zwei Jahren intensiver "Recherche" weiß Julia alles über Restaurantführung - theoretisch. Praktisch hat sie noch keinen einzigen Teller serviert. Schlimmer noch: Sie ist paralysiert von all dem Wissen. Jede mögliche Entscheidung wurde so oft analysiert, dass keine mehr richtig erscheint.

Die Qual der unbegrenzten Wahl

Der Psychologe Barry Schwartz beschrieb in "The Paradox of Choice" ein fundamentales Problem unserer Zeit: Zu viele Optionen machen nicht glücklicher, sondern unglücklicher. Sie führen zu Entscheidungsparalyse, Bedauern und unrealistischen Erwartungen.

Im Kontext der Ausrüstungssucht manifestiert sich das so:

Marcus will mit Yoga anfangen. Früher wäre er einfach zu einem Kurs gegangen. Heute steht er vor unendlichen Optionen:

- Welcher Yoga-Stil? Hatha, Vinyasa, Ashtanga, Bikram, Yin, Kundalini...?

- Welche Matte? Hunderte Modelle in verschiedenen Dicken, Materialien, Preisklassen

- Welche Kleidung? Spezielle Yoga-Wear oder normale Sportkleidung?

- Welcher Lehrer? Online oder offline? Indien-zertifiziert oder lokal ausgebildet?

- Welche Philosophie? Traditionell spirituell oder modern fitnessorientiert?

Marcus verbringt Monate mit Recherche. Er liest Vergleichstests von Yogamatten. Er schaut sich Videos verschiedener Stile an. Er durchforstet Bewertungen von Studios. Er tritt Facebook-Gruppen bei und stellt Fragen.

Das Resultat? Marcus hat immer noch keine einzige Yoga-Stunde besucht. Die Entscheidung wurde so komplex, so überladen mit Bedeutung, dass er sie nicht treffen kann. Paradoxerweise wäre er wahrscheinlich längst ein erfahrener Yogi, wenn es nur eine Yoga-Matte und einen Yoga-Stil gäbe.

2.3 Sicherheit als Fessel

Menschen haben ein natürliches Bedürfnis nach Sicherheit. Es ist ein Überlebensinstinkt, der uns seit Jahrtausenden gute Dienste leistet. Aber in unserer modernen Welt hat sich dieses Bedürfnis in etwas verwandelt, das uns mehr schadet als schützt.

Die Illusion der Kontrolle

Christina plant ihre Selbstständigkeit als Grafikdesignerin. Sie hat einen detaillierten Fünfjahresplan erstellt. Cash-Flow-Projektionen für verschiedene Szenarien. Risikomatrizen.

Notfallpläne für Notfallpläne. Sie hat genug Ersparnisse für zwei Jahre ohne Einkommen. Krankenversicherung, Berufsunfähigkeitsversicherung, Haftpflichtversicherung - alles geregelt.

"Ich will auf alles vorbereitet sein", sagt sie. "Sicherheit geht vor."

Was Christina nicht sieht: Ihre Suche nach absoluter Sicherheit ist selbst das größte Risiko. Während sie plant und absichert, verändert sich der Markt. Neue Technologien entstehen. Konkurrenten etablieren sich. Ihre Fähigkeiten werden weniger relevant. Ihre Ersparnisse verlieren an Kaufkraft.

Die Illusion der Kontrolle ist verführerisch. Wir glauben, wenn wir nur genug planen, genug absichern, genug vorbereiten, können wir das Risiko eliminieren. Aber Leben ist inherent unsicher. Der Versuch, alle Variablen zu kontrollieren, ist wie der Versuch, den Wind einzufangen.

Ein Bergsteiger kann die beste Ausrüstung haben, die genauesten Wettervorhersagen, die detailliertesten Karten. Aber er kann nicht kontrollieren, ob ein Steinschlag kommt, ob sich das Wetter plötzlich ändert, ob er sein Fußgelenk verstaucht. Was er kontrollieren kann, ist seine

Fähigkeit, mit dem Unerwarteten umzugehen - eine Fähigkeit, die nur durch Erfahrung entsteht.

Wie Risikovermeidung zum größten Risiko wird

Das Paradoxe an übermäßiger Risikovermeidung ist, dass sie selbst zum größten Risiko wird. Wer jedes Risiko vermeiden will, riskiert das Wichtigste: ein erfülltes Leben.

Denken Sie an einen Kapitän, der sein Schiff niemals aus dem Hafen fahren lässt, aus Angst vor Stürmen. Das Schiff ist sicher, keine Frage. Aber es erfüllt nicht seinen Zweck. Es rostet langsam vor sich hin, wird morsch, verliert seinen Wert. Die Sicherheit des Hafens wird zu seinem Gefängnis.

Martin ist so ein Kapitän. Mit einem sicheren Job in der Verwaltung, einer abbezahlten Wohnung und einem soliden Sparplan hat er sich eingerichtet in einem Leben ohne Überraschungen. "Ich gehe kein Risiko ein", sagt er stolz.

Aber welche Risiken geht Martin unbewusst ein?

- Das Risiko, seine Träume zu begraben

- Das Risiko, sein Potenzial nie zu entfalten

- Das Risiko, am Ende seines Lebens zu bereuen

- Das Risiko, die Pension nicht zu erleben, für die er sein ganzes Leben spart

- Das Risiko, dass Sicherheit zur Langeweile wird, Langeweile zur Depression

Die größten Risiken sind oft die, die wir nicht sehen, weil sie sich langsam entfalten. Der sichere Job, der langsam die Seele aushöhlt. Die stabile Beziehung, die in Routine erstickt. Das geordnete Leben, das keine Überraschungen mehr bereithält.

Der Preis der absoluten Sicherheit

Absolute Sicherheit hat einen Preis, und dieser Preis ist oft höher, als wir wahrhaben wollen.

Der Preis in Lebendigkeit: Sicherheit und Lebendigkeit stehen oft in umgekehrtem Verhältnis. Je sicherer wir unser Leben gestalten, desto weniger lebendig fühlt es sich an. Die Momente höchster Lebendigkeit sind oft die unsichersten: der erste Kuss, der Sprung ins kalte Wasser, der Schritt ins Unbekannte.

Der Preis in Wachstum: Wachstum geschieht an den Grenzen unserer Komfortzone, nicht in ihrer Mitte. Wer immer auf Sicherheit spielt, wächst nicht. Er stagniert, schrumpft sogar, denn Stillstand ist Rückschritt.

Der Preis in Möglichkeiten: Jede Entscheidung für Sicherheit ist eine Entscheidung gegen Möglichkeiten. Der sichere Weg ist selten der, der zu außergewöhnlichen Zielen führt.

Der Preis in Authentizität: Oft verraten wir für Sicherheit unsere wahre Natur. Wir nehmen Jobs an, die uns nicht entsprechen, bleiben in Beziehungen, die uns nicht erfüllen, leben Leben, die nicht unsere sind - alles im Namen der Sicherheit.

Denken Sie an die Geschichte von Alexander Supertramp (Christopher McCandless), verewigt im Film "Into the Wild". Ein junger Mann, der alle Sicherheiten aufgab, um wirklich zu leben. Sein Ende war tragisch, keine Frage. Aber in seinen zwei Jahren der Wanderschaft lebte er intensiver als viele Menschen in einem ganzen Leben der Sicherheit.

Das soll kein Plädoyer für Leichtsinn sein. Aber es ist ein Aufruf, den Preis der Sicherheit ehrlich zu kalkulieren. Denn oft ist das, was wir als Sicherheit bezeichnen, nur eine andere Form von Gefängnis - komfortabel ausgestattet, aber ein Gefängnis nonetheless.

Der Berg kümmert sich nicht um unsere Sicherheitsbedürfnisse. Er steht da, in all seiner gefährlichen Schönheit, und lädt ein. Nicht zur Dummheit, sondern zum kalkulierten Risiko. Nicht zur Fahrlässigkeit, sondern zum Mut. Nicht zur Sicherheit, sondern zum Leben.

Die wahre Sicherheit liegt nicht darin, alle Risiken zu eliminieren. Sie liegt in dem Vertrauen, mit dem umgehen zu können, was kommt. Dieses Vertrauen entsteht nicht durch Planung, sondern durch Erfahrung. Nicht durch Ausrüstung, sondern durch Abenteuer. Nicht durch Warten, sondern durch Wagen.

Der nächste Schritt mag unsicher sein. Aber er ist der einzige Weg nach oben.

Kapitel 3: Der erste Schritt auf den Pfad

3.1 Die Entscheidung zum Aufbruch

Es war ein grauer Dienstagmorgen im November, als Katharina aufwachte und wusste: Heute ist der Tag. Nicht morgen, nicht nächste Woche, nicht nach dem nächsten Gehalt. Heute.

Sie hatte keine Eingebung, keine mystische Erfahrung. Es war eher wie das Brechen eines Damms nach Jahren des unmerklichen Drucks. All die aufgeschobenen Träume, all die "Vielleicht später", all die "Wenn die Zeit reif ist" hatten sich zu einer unerträglichen Last aufgetürmt. Und an diesem grauen Dienstagmorgen brach etwas in ihr. Oder besser: etwas brach auf.

Katharina hatte seit zehn Jahren davon geträumt, eine Buchhandlung zu eröffnen. Nicht irgendeine Buchhandlung - eine mit Leseecken und Kaffeeduft, mit Autorenlesungen und Kindernachmittagen, ein Ort der Begegnung, nicht nur des Konsums. Die Businesspläne lagen fertig in der Schublade. Die Standortanalysen waren gemacht. Die Finanzierung durchgerechnet. Alles war bereit. Nur Katharina war es nie.

An diesem Morgen schrieb sie ihre Kündigung. Keine zwei Seiten Erklärung, keine ausführliche Begründung. Nur: "Hiermit kündige ich zum nächstmöglichen Zeitpunkt. Mit freundlichen Grüßen, Katharina."

Der Moment der Wahrheit

Was war anders an diesem Dienstagmorgen? Katharina selbst konnte es später nie genau erklären. Es war, als hätte sich über Nacht etwas in ihr verschoben. Die Angst war noch da, aber sie hatte ihre lähmende Kraft verloren. Die Zweifel existierten weiter, aber sie schrien nicht mehr so laut.

"Es war, als würde ich plötzlich die Proportionen erkennen", erzählte sie mir ein Jahr später in ihrer kleinen, aber florierenden Buchhandlung. "Zehn Jahre Vorbereitung für etwas, das ich in zehn Monaten aufbauen konnte. Die Absurdität davon traf mich wie ein Schlag."

Der Moment der Wahrheit kommt für jeden anders. Für manche ist es ein schleichender Prozess, für andere ein plötzlicher Durchbruch. Aber es gibt gemeinsame Elemente:

Das Ende der Verhandlungen: Jahre lang verhandeln wir mit uns selbst. Noch ein bisschen mehr Sicherheit, noch ein bisschen bessere Bedingungen, noch ein bisschen mehr Vorbereitung. Im Moment der Wahrheit enden diese Verhandlungen. Es gibt kein "Ja, aber" mehr, nur noch "Ja".

Die Akzeptanz der Unvollkommenheit: Wir erkennen, dass wir nie bereit sein werden, dass die Bedingungen nie perfekt sein werden, dass es immer Gründe geben wird zu warten. Und wir akzeptieren das. Nicht resigniert, sondern befreit.

Die Verschiebung der Perspektive: Plötzlich erscheint uns das Nicht-Handeln riskanter als das Handeln. Die Kosten des Wartens werden sichtbarer als die Risiken des Beginnens.

Vom Denken zum Handeln

Die Kluft zwischen Denken und Handeln ist der Grand Canyon unserer Existenz. Auf der einen Seite all unsere Pläne, Träume, Intentionen. Auf der anderen Seite die Realität, die Tat, die Verwirklichung. Dazwischen: ein Abgrund, der unüberwindbar scheint.

Aber hier ist das Geheimnis, das alle erfolgreichen "Bergsteiger" kennen: Man überwindet diesen Abgrund nicht mit einem gewaltigen Sprung. Man baut eine Brücke, Planke für Planke, Handlung für Handlung.

Robert, ein Programmierer, der jahrelang von einem eigenen Startup träumte, beschreibt seinen Übergang so: "Ich habe nicht gekündigt und am nächsten Tag ein Unternehmen gegründet. Ich habe angefangen, jeden Abend eine Stunde an meiner Idee zu arbeiten. Nur eine Stunde. Aber jeden Tag. Nach drei Monaten hatte ich einen Prototyp. Nach sechs Monaten die ersten Nutzer.

Nach einem Jahr konnte ich meine Arbeitszeit reduzieren. Es war kein Sprung, es war ein Übergang."

Der Übergang vom Denken zum Handeln folgt oft einem Muster:

Kleine Aktionen: Die erste Handlung muss nicht groß sein. Katharina kündigte, ja, aber für andere mag es das Anmelden einer Domain sein, das Schreiben einer ersten Seite, das Anrufen eines potentiellen Mentors.

Momentum aufbauen: Jede kleine Handlung erzeugt Schwung. Schwung erzeugt weitere Handlungen. Es ist wie beim Anschieben eines Autos - die ersten Meter sind die schwersten.

Identitätswandel: Mit jeder Handlung verschiebt sich unsere Identität. Vom "Ich will Schriftsteller werden" zum "Ich schreibe". Vom "Ich träume von einer Firma" zu "Ich baue ein Geschäft auf".

Die Kraft des unperfekten Anfangs

Perfektionismus ist der Todfeind des Anfangs. Er flüstert uns zu: "Noch nicht gut genug. Warte noch. Verbessere noch." Aber die Wahrheit ist: Nichts ist jemals gut genug für den Perfektionisten. Er ist ein Tyrann, der niemals zufrieden ist.

Die Alternative ist der unperfekte Anfang. Der bewusste Entschluss, mit dem zu beginnen, was wir haben, wo wir sind, wie wir sind.

Lisa wollte einen Blog über nachhaltiges Leben starten. Monatelang plante sie das perfekte Design, die perfekte Content-Strategie, den perfekten Launch. Dann, inspiriert von einem Artikel über "Minimum Viable Products", änderte sie ihre Strategie. Sie startete mit einem einfachen WordPress-Template und einem einzigen Artikel: "Warum ich diesen Blog starte".

"Es war schrecklich", lacht sie heute. "Das Design war generisch, der Artikel holprig, die Fotos amateurhaft. Aber es existierte. Es war in der Welt. Und das veränderte alles."

Der unperfekte Anfang hat eine eigene Kraft:

Er macht es real: Solange etwas nur in unserem Kopf existiert, ist es perfekt und verletzlich zugleich. Sobald es in der Welt ist, unperfekt aber konkret, wird es robust.

Er lädt zum Verbessern ein: Ein perfekter Anfang lähmt - wo soll man da noch hin? Ein unperfekter Anfang motiviert zur Verbesserung.

Er senkt die Hürde: Wenn wir uns erlauben, unperfekt zu beginnen, wird der erste Schritt so viel leichter.

Er lehrt Demut: Der unperfekte Anfang erinnert uns daran, dass wir Lernende sind, nicht Meister. Diese Haltung ist Gold wert für alles, was folgt.

3.2 Mit leichtem Gepäck

Stellen Sie sich zwei Bergsteiger vor. Der erste trägt einen riesigen Rucksack, vollgepackt mit Ausrüstung für jede Eventualität. Zelt, Schlafsack, Kocher, Essen für zwei Wochen, drei Paar Schuhe, Kleidung für jedes Wetter, Erste-Hilfe-Ausrüstung für eine kleine Klinik, Bücher zur Unterhaltung, Kamera-Equipment, Laptop für die Dokumentation.

Der zweite trägt einen kleinen Rucksack. Darin: das Nötigste. Wasser, etwas Nahrung, eine leichte Jacke, Erste-Hilfe-Basics, eine Karte.

Wer wird wohl eher den Gipfel erreichen?

Was wir wirklich brauchen

Die Kunst des Anfangs liegt nicht darin, alles zu haben, sondern zu wissen, was essentiell ist. Und das Essentielle ist oft erschreckend wenig.

Als Tim seinen Food Truck startete, hatte er große Pläne. Ein vollausgestatteter Truck mit allen Geräten, ein Menü mit dreißig Gerichten, Uniformen für die Mitarbeiter, die er noch nicht hatte. Die Kosten waren astronomisch.

Dann traf er einen alten Hasen im Geschäft, der ihm einen Rat gab: "Fang klein an. Ein Gericht, das du perfekt machst. Ein gebrauchter Wagen, den du selbst ausbauen kannst. Alles andere kommt später."

Tim folgte dem Rat. Er startete mit Tacos. Nur Tacos, aber die besten Tacos der Stadt. Sein "Truck" war ein umgebauter Transporter. Seine Ausrüstung minimal. Aber er war im Geschäft.

"Das Verrückte war", erzählt Tim, "je weniger ich hatte, desto kreativer wurde ich. Beschränkungen zwangen mich zur Innovation. Wenn du zehn Pfannen hast, denkst du nicht nach. Wenn du eine hast, wirst du zum Meister dieser einen Pfanne."

Was brauchen wir wirklich für den Anfang?

Klarheit über das Minimum: Was ist das absolute Minimum, um zu starten? Nicht um erfolgreich zu sein, nicht um zu beeindrucken, nur um zu beginnen.

Ein definiertes erstes Ziel: Nicht der Gipfel, sondern das erste Basislager. Nicht der fertige Roman, sondern das erste Kapitel.

Grundlegende Fähigkeiten: Nicht Meisterschaft, aber genug, um den ersten Schritt zu machen. Der Rest wird unterwegs gelernt.

Mut zur Lücke: Die Akzeptanz, dass wir nicht alles haben, nicht alles wissen, nicht alles können - und dass das okay ist.

Die Kunst des Loslassens

Mit leichtem Gepäck zu reisen bedeutet vor allem: loslassen. Loslassen von der Illusion der perfekten Vorbereitung. Loslassen von der Sicherheit des Überflusses. Loslassen von der Identität des ewigen Planers.

Sandra hatte fünfzehn Jahre lang Material für ihr Buch gesammelt. Kisten voller Notizen, Ordner voller Recherchen, Festplatten voller Dokumente. "Ich dachte, je mehr Material ich habe, desto besser wird das Buch", sagt sie.

Dann kam der Tag, an dem sie erkannte: Das Material war zu ihrer Ausrede geworden. Je mehr sie sammelte, desto überwältigender wurde die Aufgabe, es zu einem Buch zu formen.

In einem radikalen Akt packte sie alles weg. Alles. Sie setzte sich mit einem leeren Blatt Papier hin und begann: "Kapitel 1". Keine

Notizen, keine Recherchen. Nur sie und ihre Geschichte.

"Es war befreiend und terrifying zugleich", erinnert sie sich. "Aber zum ersten Mal schrieb ich wirklich. Nicht über das Schreiben, nicht in Vorbereitung auf das Schreiben. Ich schrieb."

Das Loslassen folgt einem Prozess:

Erkennen: Wir müssen erst erkennen, was uns beschwert. Oft sind es nicht die offensichtlichen Dinge, sondern die subtilen: alte Identitäten, übernommene Erwartungen, imaginäre Standards.

Unterscheiden: Was dient dem Weg, was behindert ihn? Die Kunst liegt darin, zwischen nützlichem Werkzeug und nutzlosem Ballast zu unterscheiden.

Entscheiden: Loslassen ist eine aktive Entscheidung. Es passiert nicht von selbst. Wir müssen wählen, leicht zu reisen.

Vertrauen: Der schwerste Teil. Vertrauen, dass wir finden werden, was wir brauchen. Dass der Weg uns lehren wird. Dass weniger wirklich mehr sein kann.

Minimalismus als Befreiung

Minimalismus ist in den letzten Jahren zu einem Trend geworden, oft missverstanden als ästhetische Entscheidung oder Lifestyle-Statement. Aber im Kontext des Aufbruchs ist Minimalismus etwas viel Tieferes: eine Befreiung von allem, was uns vom Wesentlichen abhält.

Carlos war ein notorischer Maximalist. Sein Home-Gym hatte mehr Equipment als manches Fitnessstudio. Aber er trainierte selten. "Ich verbrachte mehr Zeit damit, über die optimale Trainingsroutine nachzudenken, als zu trainieren", gesteht er.

Dann verletzte er sich und konnte monatelang nur eine Übung machen: Liegestütze. "Am Anfang war ich frustriert. Nur Liegestütze? Aber dann passierte etwas Interessantes. Ich wurde richtig gut darin. Ich lernte Variationen, spielte mit Tempo, entdeckte Nuancen. Nach drei Monaten war ich fitter als je zuvor."

Diese Erfahrung veränderte Carlos' Perspektive. Er verkaufte 90% seiner Ausrüstung. Behielt nur eine Klimmzugstange, eine Kettlebell, eine

Yogamatte. "Jetzt trainiere ich jeden Tag", sagt er. "Die Entscheidung ist einfach, die Ausreden sind weg."

Minimalismus als Befreiung bedeutet:

Fokus statt Streuung: Weniger Optionen bedeuten mehr Tiefe. Wer nur einen Pinsel hat, lernt alle seine Möglichkeiten kennen.

Handlung statt Verwaltung: Je mehr wir besitzen, desto mehr Zeit verbringen wir mit Verwaltung. Minimalismus gibt uns diese Zeit zurück.

Qualität statt Quantität: Lieber eine gute Gitarre, die gespielt wird, als zehn, die verstauben.

Präsenz statt Vorbereitung: Mit weniger Gepäck sind wir präsenter, aufmerksamer, offener für das, was der Weg uns bietet.

3.3 Die ersten hundert Meter

Der Moment, in dem der Fuß den ersten Schritt auf den Bergpfad setzt, ist magisch. Nach all der Vorbereitung, all dem Warten, all den Zweifeln - plötzlich Bewegung. Der Körper weiß, was zu tun ist. Ein Fuß vor den anderen. So einfach, so profound.

Kleine Schritte, große Wirkung

"Ich dachte, der Anfang müsste spektakulär sein", sagt Marina. Sie hatte sich jahrelang auf den Tag vorbereitet, an dem sie ihre Kunst der Welt zeigen würde. Eine große Ausstellung, perfekt kuratiert, professionell beworben.

Dann, müde vom Warten, postete sie ein Bild auf Instagram. Nur eines. Ohne große Ankündigung, ohne perfekte Beschreibung. Einfach ihr Werk, roh und echt.

"Die Reaktion war überwältigend", erinnert sie sich. "Nicht weil es Tausende Likes gab - es waren vielleicht dreißig. Aber es waren echte Reaktionen von echten Menschen auf meine echte Kunst. Zum ersten Mal war ich keine 'zukünftige Künstlerin' mehr. Ich war Künstlerin."

Dieser erste kleine Schritt veränderte alles. Marina postete regelmäßig. Bekam Feedback. Vernetzte sich mit anderen Künstlern. Verkaufte ihr erstes Bild über Instagram. Wurde zu kleinen

Ausstellungen eingeladen. Alles begann mit einem Post.

Die Kraft kleiner Schritte liegt in mehreren Faktoren:

Sie sind machbar: Einen Roman zu schreiben ist überwältigend. Eine Seite zu schreiben ist machbar. Jeden Tag eine Seite? In einem Jahr hat man einen Roman.

Sie schaffen Evidenz: Jeder kleine Schritt beweist uns: Ich kann das. Diese Evidenz baut Selbstvertrauen auf, Schritt für Schritt.

Sie generieren Feedback: Die Welt reagiert auf unsere Aktionen, nicht auf unsere Intentionen. Jeder kleine Schritt generiert Feedback, das uns hilft, den nächsten Schritt zu justieren.

Sie sind korrigierbar: Ein kleiner Schritt in die falsche Richtung ist leicht zu korrigieren. Ein großer Sprung? Nicht so sehr.

Momentum aufbauen

Momentum - Schwung - ist die geheime Zutat erfolgreicher Anfänge. Es ist die Kraft, die aus Bewegung entsteht und weitere Bewegung generiert. Wie eine Lawine, die mit einem einzelnen Schneeball beginnt.

David startete sein Online-Business mit einem einzigen Blogpost pro Woche. "Mehr war nicht drin neben meinem Vollzeitjob", sagt er. Aber er hielt durch. Jeden Sonntag ein Post. Keine Ausnahmen.

Nach drei Monaten bemerkte er etwas: Das Schreiben wurde leichter. Was anfangs vier Stunden dauerte, schaffte er jetzt in zwei. Also schrieb er zwei Posts pro Woche. Das Momentum baute sich auf.

"Es war wie eine Spirale nach oben", beschreibt er. "Mehr Posts bedeuteten mehr Leser. Mehr Leser bedeuteten mehr Feedback. Mehr Feedback bedeutete bessere Posts. Bessere Posts bedeuteten noch mehr Leser."

Nach einem Jahr kündigte David seinen Job. Nicht weil er musste, sondern weil das Momentum seines Businesses so stark geworden war, dass es seine volle Aufmerksamkeit verdiente und rechtfertigte.

Momentum folgt Gesetzen:

Das Gesetz des Anfangs: Der Start ist am schwersten. Jede weitere Bewegung wird leichter.

Das Gesetz der Konsistenz: Regelmäßigkeit schlägt Intensität. Lieber jeden Tag dreißig Minuten als einmal im Monat fünf Stunden.

Das Gesetz der Sichtbarkeit: Momentum muss sichtbar sein, für uns selbst. Fortschrittslisten, Streak-Counter, Erfolgstagebücher helfen.

Das Gesetz der Beschleunigung: Momentum baut sich exponentiell auf. Die zweite Meile ist leichter als die erste, die zehnte leichter als die zweite.

Frühe Erfolge feiern

Wir leben in einer Kultur, die große Erfolge feiert und kleine ignoriert. Das ist ein Fehler, besonders am Anfang eines Weges. Frühe, kleine Erfolge sind das Fundament, auf dem alles andere aufbaut.

Als Kai seine ersten hundert Meter den Berg hinauf gegangen war, setzte er sich auf einen Felsen und holte tief Luft. Nicht aus Erschöpfung, sondern aus Ehrfurcht. "Ich bin unterwegs", dachte er. "Nach all den Jahren bin ich wirklich unterwegs."

Er machte ein Foto. Nicht vom noch fernen Gipfel, sondern von seinen staubigen Wanderschuhen auf dem Pfad. Dieses Foto wurde sein Talisman. In schweren Momenten schaute er es an und erinnerte sich: Ich habe angefangen. Ich bin unterwegs.

Das Feiern früher Erfolge ist keine Eitelkeit. Es ist Psychologie:

Positive Verstärkung: Unser Gehirn lernt durch Belohnung. Wenn wir frühe Erfolge feiern, programmieren wir uns auf mehr davon.

Identitätswandel: Jeder gefeierte Erfolg festigt unsere neue Identität. Vom Träumer zum Macher.

Motivation: Die Erinnerung an frühe Erfolge trägt uns durch schwere Zeiten. Sie sind der Beweis, dass wir es können.

Dankbarkeit: Das Feiern kultiviert Dankbarkeit für den Weg, nicht nur für das Ziel.

Wie feiert man richtig?

Bewusst: Nehmen Sie sich Zeit, den Erfolg zu würdigen. Nicht nebenbei, sondern bewusst.

Proportional: Die Feier sollte zum Erfolg passen. Die ersten hundert Meter verdienen keine Champagner-Party, aber sie verdienen Anerkennung.

Teilend: Teilen Sie frühe Erfolge mit Menschen, die sie zu würdigen wissen. Nicht um anzugeben, sondern um Zeugnis abzulegen.

Dokumentierend: Halten Sie frühe Erfolge fest. Fotos, Tagebucheinträge, kleine Symbole. Sie werden zu Ankern in stürmischen Zeiten.

Die ersten hundert Meter mögen nicht nach viel aussehen. Aber sie sind der Unterschied zwischen denen, die ewig am Fuß des Berges stehen, und denen, die unterwegs sind. Sie sind der Beweis, dass der Berg bestiegen werden kann - Schritt für Schritt.

Und während die Wartenden noch über die perfekte Route diskutieren, sind die Gehenden schon um die erste Wegbiegung verschwunden, auf dem Weg zu Aussichten, die nur denen offenbart werden, die den Mut zum ersten Schritt hatten.

Kapitel 4: Unterwegs sein

4.1 Der Rhythmus des Gehens

Es gibt einen Moment auf jeder Bergtour, in dem sich etwas Fundamentales verschiebt. Die anfängliche Aufregung hat sich gelegt, die ersten Schweißperlen sind getrocknet, der Atem hat sich beruhigt. Und dann, meist unvermittelt, findet der Körper seinen Rhythmus. Schritt, Atem, Schritt, Atem. Eine uralte Choreografie, die in unseren Genen gespeichert ist.

Elena beschreibt diesen Moment auf ihrer ersten mehrtägigen Wanderung: "Die ersten zwei Stunden waren die Hölle. Meine Gedanken rasten. Hatte ich alles dabei? War die Route richtig? Schaffe ich das überhaupt? Dann, irgendwo zwischen dem dritten und vierten Kilometer, wurde es still in mir. Meine Beine bewegten sich wie von selbst. Mein Atem fand seinen Takt. Und plötzlich war ich nicht mehr jemand, der wandert. Ich war die Wanderung selbst."

Dieser Rhythmus des Gehens ist mehr als eine körperliche Erfahrung. Es ist eine Metapher für das Leben im Flow, für das Sein im Gegensatz zum ständigen Werden. Wenn wir unseren Rhythmus finden, hört das Leben auf, eine Anstrengung zu sein. Es wird zu einem Tanz.

Im Flow des Handelns

Der Psychologe Mihály Csíkszentmihályi prägte den Begriff "Flow" für jenen Zustand, in dem wir vollkommen in einer Tätigkeit aufgehen. Zeit und Selbstbewusstsein lösen sich auf. Wir sind nicht mehr getrennt von dem, was wir tun. Wir sind, was wir tun.

Am Fuß des Berges, in der Phase der ewigen Vorbereitung, ist Flow unmöglich. Wie kann man im Flow sein, wenn man nicht in Bewegung ist? Flow entsteht aus der Begegnung zwischen Fähigkeit und Herausforderung, zwischen Tun und Sein. Er ist das Geschenk, das der Berg denen macht, die sich auf den Weg machen.

Marcus, der Möchtegern-Unternehmer, der schließlich sein Start-up gründete, erinnert sich an seine ersten Monate: "Nach all den Jahren der Planung dachte ich, die Umsetzung würde sich wie Arbeit anfühlen. Stattdessen war es wie Schwimmen in einem Fluss, der mich trägt. Ja, ich musste schwimmen, musste navigieren, musste aufpassen. Aber der Fluss war auf meiner Seite."

Flow hat charakteristische Merkmale, die jeder Bergsteiger kennt:

Verschmelzung von Handlung und Bewusstsein: Der Wanderer denkt nicht über das Wandern nach. Er wandert. Der Schriftsteller denkt nicht über das Schreiben nach. Er schreibt. Die Trennung zwischen Subjekt und Objekt löst sich auf.

Klare Ziele und unmittelbares Feedback: Jeder Schritt hat ein klares Ziel - den nächsten Punkt auf dem Pfad. Jeder Schritt gibt unmittelbares Feedback - fester Grund oder rutschiger Stein. Diese Klarheit fehlt in der endlosen Vorbereitung.

Balance zwischen Anforderung und Fähigkeit: Der Pfad fordert uns, aber überfordert uns nicht. Er liegt genau in jenem sweet spot, wo Wachstum möglich ist. In der Vorbereitung fehlt diese Balance - entweder unterfordern wir uns mit Theorie oder überfordern uns mit Perfektion.

Verlust des Selbstbewusstseins: Im Flow vergessen wir unsere Sorgen, unsere Zweifel, unsere Selbstkritik. Wir sind zu beschäftigt mit dem Moment, um uns Gedanken über uns selbst zu machen.

Präsenz statt Perfektion

Die größte Überraschung für viele, die endlich aufbrechen, ist diese: Unterwegs zählt Präsenz mehr als Perfektion. Der Berg fragt nicht nach deinem perfekten Plan. Er fragt: Bist du hier? Jetzt? Mit beiden Füßen auf dem Pfad?

Sarah, die jahrelang den perfekten Businessplan für ihr Café schrieb, erzählt von ihrer ersten Woche nach der Eröffnung: "Nichts lief nach Plan. Die Espressomaschine streikte am ersten Tag. Die Hälfte der bestellten Tassen kam zerbrochen an. Der Bäcker lieferte die falsche Bestellung. Aber weißt du was? Es war der beste Tag meines Lebens. Weil ich da war. Weil ich improvisierte, lachte, Lösungen fand. Weil ich lebendig war."

Präsenz hat eine transformative Kraft, die alle Perfektion in den Schatten stellt:

Präsenz macht kreativ: Wenn wir wirklich im Moment sind, sehen wir Möglichkeiten, die der perfekte Plan übersehen hat. Die zerbrochenen Tassen? Sarah machte daraus ein Kunstprojekt an der Wand. Die Kunden liebten es.

Präsenz macht authentisch: Menschen spüren, wenn jemand wirklich da ist. Sarahs Café wurde nicht wegen des perfekten Konzepts zum Erfolg, sondern weil sie mit Herz und Seele dabei war.

Präsenz macht resilient: Wer präsent ist, kann mit allem umgehen, was kommt. Perfektion zerbricht bei der ersten Abweichung. Präsenz biegt sich und bleibt.

Präsenz macht glücklich: Das Glück liegt nicht im Erreichen des perfekten Ziels, sondern im bewussten Erleben des Weges.

Die Weisheit des Körpers

In unserer kopflastigen Kultur haben wir verlernt, auf die Weisheit unseres Körpers zu hören. Aber am Berg wird diese Weisheit wieder wach. Der Körper weiß, wann er rasten muss. Er spürt den Wetterumschwung, bevor der Verstand ihn begreift. Er findet den sicheren Tritt, während der Kopf noch kalkuliert.

Thomas, unser Ausrüstungssammler, der endlich aufbrach, machte eine erstaunliche Entdeckung: "Jahrelang hatte ich über die optimale Gehtechnik gelesen. Schrittlänge, Atemrhythmus, Stockeinsatz - ich kannte alle Theorien. Aber als ich endlich ging, warf ich all das über Bord. Mein Körper wusste, was zu tun war. Er hatte es immer gewusst. Ich musste nur aufhören, ihm im Weg zu stehen."

Diese körperliche Weisheit manifestiert sich auf vielfältige Weise:

Intuition: Der erfahrene Bergsteiger "spürt" den richtigen Weg, auch wenn die Karte ctwas anderes sagt. Der Unternehmer "fühlt" die richtige Entscheidung, jenseits aller Analysen.

Rhythmus: Der Körper findet seinen eigenen Rhythmus, wenn wir ihn lassen. Nicht den Rhythmus aus dem Lehrbuch, sondern seinen eigenen, einzigartigen Takt.

Warnsignale: Erschöpfung, Unbehagen, Anspannung - der Körper sendet ständig Signale.

In der Vorbereitung überhören wir sie. Unterwegs können wir es uns nicht leisten, sie zu ignorieren.

Freude: Der Körper kennt eine einfache, tiefe Freude an der Bewegung, die alle mentalen Befriedigungen übertrifft. Die Freude des Tuns statt des Planens.

4.2 Wetterwechsel und Umwege

Der Berg ist ein ehrlicher Lehrer. Er verspricht keine konstanten Bedingungen, keine geraden Wege, keine Garantien. Was er lehrt, ist die Kunst der Anpassung.

Lisa hatte ihre Alpenüberquerung minutiös geplant. Sieben Tage, sieben Etappen, alles perfekt getimed. Am dritten Tag zog ein Unwetter auf. Nicht irgendein Unwetter - ein Jahrhundertsturm, der alle Pläne über den Haufen warf.

"Mein erster Instinkt war Panik", erinnert sie sich. "All die Planung, umsonst! Aber dann passierte etwas Seltsames. Ich wurde ruhig. Ich war ja hier, auf dem Berg, im Sturm. Das war real. Realer als alle Pläne."

Lisa fand Unterschlupf in einer Hütte. Drei Tage saß sie fest, zusammen mit anderen gestrandeten Wanderern. "Es wurden die wichtigsten drei Tage der ganzen Tour", sagt sie. "Ich lernte Menschen kennen, hörte Geschichten, die mein Leben veränderten. Hätte alles nach Plan funktioniert, wäre ich durchmarschiert. Der Umweg wurde zum eigentlichen Weg."

Mit Unvorhergesehenem umgehen

Das Leben unterwegs ist eine ständige Übung im Umgang mit dem Unvorhersehbaren. Und genau das macht es so wertvoll. In der sicheren Zone der Vorbereitung können wir uns einreden, alles unter Kontrolle zu haben. Unterwegs werden wir eines Besseren belehrt - und das ist ein Geschenk.

Daniel startete sein Restaurant mit einem klaren Konzept: Gehobene vegetarische Küche. Nach zwei Monaten wurde die Straße vor seinem Lokal zur Baustelle. Für ein Jahr. Der Großteil seiner Laufkundschaft blieb aus.

"Der alte Daniel hätte aufgegeben", sagt er. "Hätte sich als Opfer der Umstände gesehen.

Aber ich war ja schon unterwegs. Also passte ich mich an."

Daniel entwickelte einen Lieferservice, lange bevor es trendy wurde. Er organisierte Pop-up-Events in anderen Stadtteilen. Er nutzte die ruhigere Zeit, um sein Menü zu perfektionieren. Als die Baustelle endlich verschwand, war sein Restaurant stärker als je zuvor.

Die Kunst, mit Unvorhergesehenem umzugehen, hat mehrere Aspekte:

Akzeptanz als erster Schritt: Was ist, ist. Die Baustelle ist da. Der Sturm zieht auf. Der Mitarbeiter kündigt. Energie, die in Widerstand fließt, fehlt für kreative Lösungen.

Neugier statt Frustration: "Was kann ich daraus lernen?" ist kraftvoller als "Warum passiert das mir?" Jede Störung trägt die Samen neuer Möglichkeiten.

Flexibilität in den Mitteln, Klarheit im Ziel: Der Weg mag sich ändern, aber das Ziel bleibt. Daniel wollte Menschen mit gutem Essen glücklich machen. Ob im Restaurant oder per Lieferung war zweitrangig.

Vertrauen in die eigene Anpassungsfähigkeit: Mit jedem gemeisterten Hindernis wächst das

Vertrauen. "Ich habe das überstanden, ich werde auch das nächste überstehen."

Flexibilität als Stärke

In der Welt der Vorbereitung gilt Flexibilität oft als Schwäche. Ein flexibler Plan ist ein schlechter Plan, heißt es. Aber unterwegs kehrt sich das um. Flexibilität wird zur Superkraft.

Ein Bambus biegt sich im Sturm, während die starre Eiche bricht. Ein Fluss findet seinen Weg um jeden Felsen. Die Natur lehrt uns: Stärke liegt nicht in Starrheit, sondern in Anpassungsfähigkeit.

Nina hatte einen strengen Trainingsplan für ihren ersten Marathon. Jeden Tag stand fest, was zu laufen war. In Woche acht verletzte sie sich. Nichts Schlimmes, aber genug, um zwei Wochen pausieren zu müssen.

"Der alte Plan war tot", sagt sie. "Aber anstatt aufzugeben, wurde ich kreativ. Ich nutzte die Pause für Krafttraining, für Yoga, für mentale Vorbereitung. Als ich wieder laufen konnte, war ich stärker als zuvor - nicht trotz der Pause, sondern wegen ihr."

Flexibilität bedeutet nicht Planlosigkeit. Es bedeutet:

Optionen offenhalten: Plan B, C und D nicht als Zeichen von Unsicherheit, sondern von Weisheit.

Im Dialog bleiben: Mit sich selbst, mit den Umständen, mit den Möglichkeiten. Starre Pläne sind Monologe.

Das Große Ganze sehen: Manchmal führt der Umweg schneller zum Ziel als der direkte Weg.

Spielerisch bleiben: Das Leben ist kein Schachspiel mit festen Regeln. Es ist Jazz - Improvisation über einem Grundthema.

Wenn der Plan auf die Realität trifft

"Kein Plan überlebt den ersten Feindkontakt", sagte der preußische Generalfeldmarschall Helmuth von Moltke. Was für Schlachtpläne gilt, gilt erst recht für Lebenspläne.

Robert hatte alles durchdacht für seine Firmengründung. Businessplan, Finanzierung, Marketingstrategie, Wachstumskurve. Am ersten Tag kam sein wichtigster Kunde und sagte: "Wir brauchen etwas völlig anderes."

"Ich stand vor der Wahl", erinnert sich Robert. "Am Plan festhalten und den Kunden verlieren. Oder den Plan verwerfen und eine Chance ergreifen. Ich wählte die Chance."

Robert baute sein ganzes Geschäftsmodell um. Heute, fünf Jahre später, ist er erfolgreicher, als es sein ursprünglicher Plan je vorgesehen hatte. "Der Plan war wichtig", sagt er. "Aber nicht als Drehbuch, sondern als Übung. Er lehrte mich zu denken. Als die Realität kam, konnte ich das Gelernte neu kombinieren."

Diese Begegnung zwischen Plan und Realität ist ein kritischer Moment:

Der Moment der Wahrheit: Hier zeigt sich, ob wir dem Plan dienen oder der Plan uns dient.

Die Gelegenheit zur Evolution: Pläne, die auf Realität treffen, entwickeln sich weiter. Sie werden besser, reicher, lebendiger.

Der Test der Prioritäten: Was ist wichtiger - Recht zu behalten oder erfolgreich zu sein? Am Plan festzuhalten oder das Ziel zu erreichen?

Die Geburt der Meisterschaft: Meister sind nicht die, deren Pläne immer funktionieren. Es sind die, die auch ohne Plan funktionieren.

4.3 Wegbegleiter und Einsamkeit

Der Berg lehrt uns ein Paradox: Wir gehen allein, und doch sind wir nie allein. Jeder muss seine eigenen Schritte machen, seinen eigenen Rhythmus finden, seine eigenen Dämonen besiegen. Aber unterwegs treffen wir andere, die dasselbe tun. Und in dieser geteilten Einsamkeit entsteht eine besondere Form der Gemeinschaft.

Die richtigen Menschen zur richtigen Zeit

Maria war drei Wochen auf dem Jakobsweg unterwegs, als sie Hans traf. Ein 70-jähriger Schweizer, der zum fünften Mal ging. Sie liefen einen Tag zusammen, mehr nicht. Aber in diesem einen Tag sagte Hans einen Satz, der Marias Leben veränderte: "Du gehst nicht, um anzukommen. Du gehst, um zu gehen."

"Ich hatte die ganze Zeit auf Santiago fokussiert", erzählt Maria. "Kilometer gezählt, Tage berechnet. Hans lehrte mich, dass der Weg das Ziel ist. Es klingt wie ein Klischee, aber wenn du es wirklich verstehst, verändert es alles."

Unterwegs haben Begegnungen eine andere Qualität als im normalen Leben. Sie sind intensiver, direkter, wesentlicher. Wenn zwei Menschen sich auf einem Bergpfad treffen, fallen die üblichen Masken. Was zählt, ist der geteilte Moment, die gemeinsame Herausforderung, die gegenseitige Unterstützung.

Diese Wegbegleiter kommen in vielen Formen:

Der Mentor: Wie Hans für Maria. Jemand, der den Weg schon gegangen ist und Weisheit zu teilen hat.

Der Gefährte: Jemand auf derselben Etappe, mit ähnlichen Kämpfen. Das geteilte Leid halbiert sich, die geteilte Freude verdoppelt sich.

Der Spiegel: Jemand, in dem wir uns selbst erkennen - unsere Stärken, unsere Schwächen, unsere Möglichkeiten.

Der Engel: Jemand, der genau im richtigen Moment auftaucht, mit genau der Hilfe, die wir brauchen.

Das Geheimnis ist: Diese Menschen erscheinen nur denen, die unterwegs sind. Am Fuß des Berges, in der ewigen Vorbereitung, treffen wir nur andere Wartende. Erst auf dem Weg begegnen uns die Wegbegleiter.

Allein gehen, gemeinsam ankommen

Es gibt Strecken, die müssen wir allein gehen. Die dunkle Nacht der Seele kennt keine Begleiter.

Der finale Aufstieg zum persönlichen Gipfel ist ein einsamer Weg. Und das ist gut so.

Thomas, der Musiker, der endlich seine Musik in die Welt brachte, beschreibt es so: "Die härtesten Momente waren die einsamen. Nachts im Studio, wenn nichts funktionierte. Vor dem leeren Publikum bei den ersten Auftritten. Die Selbstzweifel, die niemand dir nehmen kann. Aber diese Einsamkeit war wichtig. Sie zwang mich, meine eigene Stimme zu finden."

Einsamkeit unterwegs ist anders als Einsamkeit im Warteraum:

Gewählte vs. auferlegte Einsamkeit: Unterwegs wählen wir Momente der Einsamkeit. Im Warteraum ist Einsamkeit oft unser Gefängnis.

Produktive vs. lähmende Einsamkeit: Die Einsamkeit des Schaffenden gebiert Neues. Die Einsamkeit des Wartenden frisst sich selbst.

Temporäre vs. chronische Einsamkeit: Unterwegs ist Einsamkeit eine Phase. Im Warteraum kann sie zum Dauerzustand werden.

Das Paradox ist: Je mutiger wir allein gehen, desto weniger allein sind wir. Denn wir schließen uns einer unsichtbaren Gemeinschaft an - der Gemeinschaft all derer, die den Mut hatten aufzubrechen.

Von anderen Bergsteigern lernen

Jeder, der unterwegs ist, hat etwas zu lehren. Nicht nur die Erfolgreichen, nicht nur die Erfahrenen. Gerade die Struggelnden, die Zweifelnden, die Scheiternden sind oft die besten Lehrer.

Anna traf auf ihrer Firmengründungsreise einen Unternehmer, dessen Start-up gerade gescheitert war. "Alle mieden ihn auf der Networking-Veranstaltung", erzählt sie. "Aber ich setzte mich zu ihm. Und in einer Stunde lernte ich mehr als in zehn Success-Stories."

Der gescheiterte Unternehmer lehrte Anna:

- Welche Warnsignale sie übersehen hatte

- Wie sich Burnout anfühlt, bevor es zu spät ist

- Warum Erfolg ohne Balance hohl ist

- Wie man mit Würde scheitert und wieder aufsteht

"Seine Niederlage wurde zu meinem Kompass", sagt Anna. "Ich machte andere Fehler, aber nicht seine. Und als ich selbst strauchelte, erinnerte ich mich an seine Würde im Scheitern."

Von anderen Bergsteigern lernen bedeutet:

Demut kultivieren: Jeder hat etwas zu lehren, wenn wir bereit sind zu lernen.

Über den Tellerrand schauen: Der Bergsteiger kann vom Schwimmer lernen, der Unternehmer vom Künstler.

Die richtigen Fragen stellen: Nicht "Wie werde ich erfolgreich?" sondern "Was hast du gelernt?"

Geschichten sammeln: Jede Geschichte eines Unterwegsseins ist ein Schatz. Sie inspiriert, warnt, ermutigt.

Der Berg ist großzügig mit seinen Lektionen. Aber er teilt sie nur mit denen, die wirklich unterwegs sind. Die ewigen Planer am Fuß des Berges können alle Bücher über das Bergsteigen lesen - die wahre Weisheit offenbart sich nur dem, der geht.

Und so wird der Weg selbst zum Lehrer. Jeder Schritt eine Lektion, jede Begegnung eine Bereicherung, jede Herausforderung eine Chance zu wachsen. Das ist das Geschenk des Unterwegsseins: Wir werden nicht nur unserem Ziel näher - wir werden mehr wir selbst.

Kapitel 5: Die Aussicht genießen

5.1 Momente der Klarheit

Es kommt meist unerwartet. Nach stundenlangem Aufstieg durch dichten Wald, den Blick auf den nächsten Schritt gerichtet, schweißnass und keuchend, trittst du plötzlich aus den Bäumen. Und da liegt sie vor dir - die Welt, wie du sie noch nie gesehen hast. Täler und Gipfel, Wolken und Himmel, eine Landschaft, die sich bis zum Horizont erstreckt. In diesem Moment verstehst du: Dafür hast du all die Mühen auf dich genommen.

Carla erinnert sich noch genau an ihren ersten solchen Moment. Nach zwei Jahren des Kampfes mit ihrem Start-up, nach schlaflosen Nächten, abgelehnten Pitches und fast aufgebrauchten Ersparnissen, kam der Anruf. Ein großer Kunde, der alles veränderte. "Ich saß in meinem winzigen Büro - eigentlich nur eine umfunktionierte Abstellkammer - und plötzlich wurde mir klar: Ich habe es geschafft. Nicht das Ende erreicht, aber einen Punkt, von dem aus ich sehen konnte, dass es funktioniert."

Diese Momente der Klarheit sind die Geschenke des Berges an jene, die den Mut hatten aufzubrechen. Sie kommen nicht am Gipfel - sie kommen unterwegs, oft wenn wir sie am wenigsten erwarten.

Wenn sich der Nebel lichtet

Im übertragenen Sinne wandern wir oft durch Nebel. Die Zweifel, die Unsicherheit, die Komplexität des Lebens - all das verdichtet sich zu einem grauen Schleier, der uns die Sicht nimmt. Wir setzen einen Fuß vor den anderen, mehr aus Sturheit als aus Überzeugung, geleitet mehr von Hoffnung als von Gewissheit.

Und dann, plötzlich, lichtet sich der Nebel.

Marcus hatte drei Jahre lang an seinem Roman geschrieben. Drei Jahre des Zweifels: Ist die Geschichte gut genug? Finden die Charaktere Resonanz? Verschwendet er seine Zeit? Der Nebel war so dicht, dass er oft nicht weiter als bis zum nächsten Satz sehen konnte.

Dann, eines Morgens, las er das Manuskript von Anfang an. "Es war, als würde ich es zum ersten Mal sehen", erzählt er. "Als hätte jemand anders es geschrieben. Und ich erkannte: Es ist gut. Nicht perfekt, aber gut. Und mehr noch - es ist meins. Meine Stimme, meine Geschichte, mein Beitrag zur Welt."

Der Nebel lichtet sich nicht, weil sich die äußeren Umstände ändern. Er lichtet sich, weil wir uns verändert haben. Der Berg hat uns geformt, Schritt für Schritt, unmerklich aber stetig. Und plötzlich stehen wir an einem Punkt, von dem aus wir klarer sehen können.

Diese Klarheit hat besondere Qualitäten:

Sie ist erarbeitet, nicht geschenkt: Die Klarheit, die aus Erfahrung kommt, ist tiefer als die, die aus Büchern stammt. Sie sitzt in den Knochen, nicht nur im Kopf.

Sie ist ganzheitlich: Es ist nicht nur intellektuelle Klarheit. Der ganze Mensch - Körper, Geist, Seele - versteht plötzlich.

Sie ist demütig: Diese Klarheit macht nicht arrogant. Sie macht dankbar. Denn wir wissen, wie viel Nebel wir durchquert haben, um hierher zu kommen.

Sie ist temporär: Der Nebel wird wiederkommen. Aber wir wissen jetzt, dass er sich auch wieder lichten wird.

Die Belohnung des Mutes

Mut wird nicht belohnt, weil das Universum ein Belohnungssystem hätte. Mut trägt seine Belohnung in sich selbst. Jeder mutige Schritt verändert uns, macht uns zu jemandem, der wir vorher nicht waren.

Elena hatte Angst vor öffentlichen Auftritten. Panikattacken-Level Angst. Als Musikerin war das ein Problem. Jahre lang spielte sie nur im Studio, nur für sich. Dann, getrieben von einer Mischung aus Verzweiflung und Sehnsucht, meldete sie sich für einen Open-Mic-Abend an.

"Ich dachte, ich würde sterben", erinnert sie sich. "Meine Hände zitterten so sehr, dass ich kaum die Gitarre halten konnte. Die ersten Töne waren ein Disaster. Aber dann... dann erinnerte ich mich, warum ich dort war. Nicht um perfekt zu sein. Sondern um meine Musik zu teilen."

Elena spielte drei Songs. Nicht perfekt, aber von Herzen. Das Publikum applaudierte. Nicht tosend, aber ehrlich. Und in diesem Moment verstand Elena etwas Fundamentales: Die Belohnung des Mutes ist nicht der Applaus. Die Belohnung ist, dass man zur Person wird, die den Mut hatte.

Diese Transformation durch Mut manifestiert sich vielfältig:

Erweiterung der Komfortzone: Was gestern unmöglich schien, ist heute machbar. Die Grenzen des Möglichen verschieben sich mit jedem mutigen Schritt.

Aufbau von Vertrauen: Nicht Selbstvertrauen im oberflächlichen Sinn. Sondern tiefes Vertrauen in die eigene Fähigkeit, mit dem Leben zu tanzen.

Anziehung von Möglichkeiten: Mut ist magnetisch. Er zieht Menschen, Gelegenheiten, Synchronizitäten an. Die Welt reagiert auf Mut.

Innerer Frieden: Paradoxerweise bringt das Wagnis mehr Frieden als die Sicherheit. Der Frieden dessen, der seinem Ruf folgt.

Perspektiven, die nur Bergsteiger kennen

Von oben sieht alles anders aus. Das ist keine Metapher, sondern eine erfahrbare Realität. Die Probleme, die im Tal riesig erschienen, schrumpfen auf ihre wahre Größe. Die Wege, die verworren schienen, offenbaren ihre Logik. Die Landschaft des eigenen Lebens wird sichtbar in ihrer Ganzheit.

David kämpfte jahrelang mit der Entscheidung, seine sichere Anstellung aufzugeben und sich als Berater selbstständig zu machen. Von unten, gefangen in den Details, schien es eine unmögliche Wahl. Sicherheit oder Freiheit? Stabilität oder Erfüllung?

Zwei Jahre nach dem Sprung in die Selbstständigkeit, bei einem Wanderurlaub in den Alpen, stand er auf einem Gipfel und verstand plötzlich: "Es war nie eine Entweder-Oder-Entscheidung. Von hier oben sehe ich: Mein alter Job war ein wichtiger Teil des Weges. Er gab mir die Fähigkeiten, die Kontakte, das Selbstvertrauen, das ich für die Selbstständigkeit brauchte. Und die Selbstständigkeit? Sie ist nicht das Ende des Weges, sondern eine weitere Etappe."

Diese erhöhte Perspektive schenkt uns Einsichten:

Das Muster wird sichtbar: Was aus der Nähe wie Chaos aussieht, offenbart von oben oft ein Muster, eine Logik, einen roten Faden.

Die Verbindungen werden klar: Ereignisse, die unzusammenhängend schienen, zeigen ihre Verbindung. Der Umweg war kein Umweg. Der Verlust war ein Gewinn. Die Niederlage war eine Vorbereitung.

Die Proportionen stimmen wieder: Berge werden zu Hügeln, Abgründe zu Gräben. Nicht weil sie kleiner geworden wären, sondern weil unsere Perspektive gewachsen ist.

Das Größere Ganze erscheint: Unser kleiner Pfad ist Teil einer größeren Landschaft. Unser persönlicher Kampf Teil einer universellen Geschichte.

5.2 Die Kunst des Innehaltens

In unserer Kultur der ständigen Bewegung, des ewigen Strebens nach mehr, ist Innehalten fast zu einer verlorenen Kunst geworden. Wir rennen von Ziel zu Ziel, von Gipfel zu Gipfel, ohne je wirklich anzukommen, ohne je wirklich zu sehen, wo wir sind.

Der Berg lehrt uns anders. Er zwingt uns zu Pausen - durch Erschöpfung, durch Aussichtspunkte, die zu schön sind zum Vorbeihetzen, durch Weggenossen, die eine Rast vorschlagen. Und in diesen Momenten des Innehaltens geschicht oft mehr als in all der Bewegung.

Zwischen Rastplatz und Gipfel

Sophie war auf dem besten Weg, ein Workaholic zu werden. Ihre Agentur wuchs rasant, die Kunden wurden größer, die Projekte prestigeträchtiger. Sie rannte von Erfolg zu Erfolg, immer den nächsten Gipfel im Blick.

Dann zwang sie eine Blinddarmentzündung zu einer dreiwöchigen Pause. "Ich dachte, mein

Geschäft würde zusammenbrechen", erzählt sie. "Stattdessen passierte etwas Magisches. Zum ersten Mal seit Jahren hatte ich Zeit nachzudenken. Nicht über das nächste Projekt, sondern über das, was ich bereits erreicht hatte."

In dieser erzwungenen Rast erkannte Sophie: Sie hatte in fünf Jahren mehr erreicht, als sie in ihrem ursprünglichen Zehnjahresplan vorgesehen hatte. Aber sie hatte es nie wirklich wahrgenommen, nie wirklich gefeiert, nie wirklich integriert.

Das Innehalten zwischen Rastplatz und Gipfel hat eine besondere Qualität:

Es ist gewählt, nicht erzwungen: Anders als die Rast aus Erschöpfung ist dies eine bewusste Entscheidung. Wir könnten weitergehen, aber wir wählen zu pausieren.

Es kommt aus Fülle, nicht aus Mangel: Wir halten inne, nicht weil wir nicht mehr können, sondern weil wir wertschätzen wollen, was ist.

Es ist aktiv, nicht passiv: Innehalten ist nicht Nichtstun. Es ist aktives Wahrnehmen, bewusstes Sein, intentionales Präsentsein.

Es ist integrativ: In der Pause integrieren wir das Erlebte. Die Erfahrungen setzen sich, wie Sediment in einem Fluss.

Dankbarkeit unterwegs

Dankbarkeit ist mehr als ein Gefühl - sie ist eine Praxis, eine Haltung, eine Art des Sehens. Und nirgends wird sie natürlicher kultiviert als unterwegs, wo jeder sichere Schritt, jeder Schluck Wasser, jeder Moment der Rast als Geschenk erfahren wird.

Michael, der Marathonläufer, erzählt von seiner Transformation: "Früher habe ich nur auf die Zeit geschaut. Schneller, immer schneller. Dann, während eines Ultra-Marathons durch die Wüste, änderte sich alles. Bei Kilometer 60, völlig erschöpft, blieb ich stehen. Und anstatt mich zu pushen, wurde ich dankbar. Dankbar, dass meine Beine mich so weit getragen hatten. Dankbar für den Sonnenaufgang, den ich gerade erlebte. Dankbar für das Wasser in meiner Flasche."

Diese Dankbarkeit veränderte nicht nur seinen Lauf - sie veränderte sein Leben. "Ich wurde nicht langsamer", sagt er. "Aber ich wurde präsenter. Jeder Kilometer wurde zu einer Meditation in Dankbarkeit."

Dankbarkeit unterwegs hat transformative Kraft:

Sie verwandelt Anstrengung in Privileg: Nicht "Ich muss diesen Berg besteigen", sondern "Ich darf diesen Berg besteigen."

Sie macht reich: Wer dankbar ist für das, was ist, erfährt Fülle, wo andere Mangel sehen.

Sie öffnet die Wahrnehmung: Dankbarkeit schärft unsere Sinne für die kleinen Wunder am Wegesrand.

Sie verbindet: Dankbarkeit verbindet uns mit dem Leben, mit anderen Menschen, mit dem größeren Ganzen.

Das Glück der Anstrengung

Es gibt ein Glück, das nur durch Anstrengung zugänglich ist. Nicht trotz der Anstrengung, sondern wegen ihr. Es ist das Glück des Bergsteigers am Gipfel, des Marathonläufers im Ziel, des Unternehmers beim ersten Gewinn, des Künstlers vor dem vollendeten Werk.

Dieses Glück ist anders als das Glück des Konsums oder der Bequemlichkeit. Es ist tiefer, nachhaltiger, erfüllender. Es trägt die Spuren des Weges in sich, die Erinnerung an überwundene Hindernisse, die Süße des erkämpften Erfolgs.

Anna, die Violinistin, die nach Jahren des Übens ihr erstes Solokonzert gab, beschreibt es so: "Als der letzte Ton verklungen war und der Applaus einsetzte, überkam mich eine Welle des Glücks, wie ich sie nie zuvor erlebt hatte. Es war nicht nur die Freude über den Applaus. Es war die Summe all der Stunden, all der Frustrationen, all der kleinen Durchbrüche. Jede Träne, jeder Schweißtropfen war in diesem Moment präsent und verwandelte sich in pure Freude."

Das Glück der Anstrengung hat besondere Charakteristika:

Es ist verdient: Nicht im moralischen Sinn, sondern im kausalen. Es ist die natürliche Frucht der investierten Energie.

Es ist komplex: Dieses Glück hat viele Schichten - Stolz, Erleichterung, Dankbarkeit, Erschöpfung, Ekstase.

Es ist nachhaltig: Anders als flüchtige Vergnügen hinterlässt dieses Glück Spuren. Es wird Teil unserer Geschichte, unserer Identität.

Es ist ansteckend: Das Glück dessen, der sich angestrengt hat, inspiriert andere. Es ist ein Licht, das weitere Lichter entzündet.

5.3 Weisheit der Höhe

Mit jedem Höhenmeter, den wir gewinnen, verändert sich nicht nur die Aussicht - es verändert sich unsere Fähigkeit zu sehen. Die Höhe schenkt uns nicht nur neue Perspektiven, sondern neue Augen.

Was wir von oben sehen

Peter stand nach fünf Jahren Unternehmensgründung vor dem Verkauf seiner Firma. Ein Moment des Triumphs, könnte man meinen. Aber Peter fühlte vor allem Verwirrung. War das jetzt Erfolg? War es Aufgeben? War es der richtige Schritt?

Bei einer Bergwanderung, die er sich zur Entscheidungsfindung gegönnt hatte, erreichte er einen Aussichtspunkt. Unter ihm lag das Tal, durch das er aufgestiegen war. Er konnte den gewundenen Pfad sehen, die Stellen, wo er gestrauchelt war, die Abzweigungen, wo er sich entschieden hatte.

"Plötzlich verstand ich", erzählt er. "Von unten sah jede Wegbiegung wie eine Sackgasse aus. Von oben erkannte ich: Es war eine Spirale. Ich war nicht im Kreis gegangen - ich war aufgestiegen, nur eben nicht geradlinig."

Diese Erkenntnis veränderte seine Perspektive auf den Firmenverkauf. Es war weder Triumph noch Niederlage. Es war der nächste Schritt auf einer Spirale nach oben.

Von der Höhe aus sehen wir:

Zusammenhänge statt Fragmente: Was unten zusammenhanglos erschien, offenbart oben seine Verbindungen.

Muster statt Chaos: Die scheinbar zufälligen Ereignisse unseres Lebens zeigen oft ein Muster, eine Richtung, einen Sinn.

Möglichkeiten statt Sackgassen: Was wie ein Ende aussah, entpuppt sich als Übergang. Was wie eine Blockade erschien, war eine Umleitung zu etwas Besserem.

Das Zeitlose im Zeitlichen: Von oben sehen wir über den Moment hinaus. Wir erkennen größere Zyklen, längere Rhythmen.

Die Relativität der Probleme

Sarah hatte Angst vor ihrer Präsentation vor dem Vorstand. Wochenlang bereitete sie sich vor, verlor Schlaf, spielte Katastrophenszenarien durch. Die Präsentation wurde zu einem Monster in ihrem Kopf.

Dann starb ihre Großmutter. Bei der Beerdigung, umgeben von der Vergänglichkeit des Lebens, schrumpfte die Präsentation auf ihre wahre

Größe. "Es war nicht, dass sie unwichtig wurde",
erklärt Sarah. "Aber sie fand ihren richtigen Platz.
Eine Herausforderung, ja. Das Ende der Welt?
Nein."

Die Höhe lehrt uns die Relativität aller Probleme:

Zeitliche Relativität: "Wird das in fünf Jahren
noch wichtig sein?" Von der Höhe aus kennen wir
die Antwort meist sofort.

Räumliche Relativität: Unser riesiges Problem
ist ein winziger Punkt in der Landschaft des
Lebens.

Existenzielle Relativität: Gemessen an den
wirklich wichtigen Dingen - Liebe, Gesundheit,
Sinn - relativiert sich vieles.

Perspektivische Relativität: Was aus einer
Perspektive wie ein Problem aussieht, ist aus
einer anderen eine Gelegenheit.

Diese Relativierung macht uns nicht gleichgültig.
Im Gegenteil - sie hilft uns, unsere Energie auf
das wirklich Wichtige zu fokussieren.

Integration der Erfahrung

Die wahre Weisheit der Höhe liegt nicht im
Erreichen des Gipfels, sondern in der Integration
der Erfahrung. Es geht nicht darum, oben zu
bleiben - das ist weder möglich noch

wünschenswert. Es geht darum, die Perspektive der Höhe mit ins Tal zu nehmen.

Carlos hatte sein Start-up zum Erfolg geführt, war ausgestiegen, hatte seinen "Gipfel" erreicht. Aber statt Erfüllung fühlte er Leere. "Und jetzt?", war die Frage, die ihn quälte.

In einem Coaching-Gespräch wurde ihm klar: Er hatte die Erfahrung nicht integriert. Er war so fokussiert auf das Erreichen des Gipfels gewesen, dass er nie gefragt hatte, was er von dort mitnehmen wollte.

Die Integration begann mit einfachen Fragen:

- Was habe ich über mich selbst gelernt?

- Welche Fähigkeiten habe ich entwickelt?

- Welche Werte haben sich bewährt?

- Was würde ich anders machen?

- Was möchte ich weitergeben?

Durch diese Reflexion verwandelte sich Carlos' Leere in Klarheit. Er erkannte, dass sein wahres Talent nicht im Gründen von Unternehmen lag, sondern im Mentoring anderer Gründer. Der Gipfel war nicht das Ende - er war die Vorbereitung auf eine neue Rolle.

Integration der Erfahrung bedeutet:

Reflexion: Nicht weiterhetzen zum nächsten Gipfel, sondern innehalten und verdauen.

Extraktion: Die Essenz der Erfahrung herausfiltern. Was ist das Gold in all dem Erz?

Transformation: Die Erfahrung nicht als Trophäe an die Wand hängen, sondern als Weisheit ins Leben integrieren.

Weitergabe: Die integrierte Erfahrung wird zum Geschenk, das wir anderen machen können.

Die Aussicht vom Berg ist großartig. Aber sie ist nicht dazu da, bestaunt und dann vergessen zu werden. Sie ist dazu da, unseren Blick zu weiten, unser Herz zu öffnen, unseren Geist zu klären. Sie ist dazu da, uns zu zeigen, wer wir werden können, wenn wir den Mut haben, aufzusteigen.

Und dann? Dann steigen wir wieder ab. Nicht als dieselben, die wir waren, als wir aufstiegen. Sondern als Menschen, die die Aussicht in sich tragen. Die wissen, dass über den Wolken die Sonne scheint. Die den weiten Blick bewahren, auch wenn sie wieder durch enge Täler gehen.

Das ist das Geschenk der Höhe: nicht dort zu bleiben, sondern sie überallhin mitzunehmen.

Kapitel 6: Abstieg und neue Berge

6.1 Die Rückkehr ins Tal

Der Abstieg ist ein seltsamer Teil der Reise. Nach der Euphorie des Gipfels, nach der Weite der Aussicht, führt der Weg wieder hinunter. Die Schwerkraft, die beim Aufstieg unser Gegner war, wird zum zweischneidigen Verbündeten. Sie hilft uns vorwärts, aber sie zerrt auch an unseren Knien, testet unsere Kontrolle, erinnert uns daran, dass auch der Abstieg seine eigenen Herausforderungen hat.

Martin hatte zwei Jahre an seinem Dokumentarfilm gearbeitet. Die Premiere war ein Erfolg, die Kritiken positiv, die Säle voll. Der Gipfel war erreicht. "Und dann?", fragt er. "Dann kam der Montag nach der Premiere. Das normale Leben. Die Frage: Was jetzt?"

Die Rückkehr ins Tal nach einem erreichten Gipfel ist eine der am meisten unterschätzten Phasen jeder Reise. Wir sind so fokussiert auf den Aufstieg, so fixiert auf den Gipfel, dass wir vergessen: Das Leben geht weiter. Und es findet größtenteils in den Tälern statt, nicht auf den Gipfeln.

Diese Rückkehr hat ihre eigenen Lektionen zu lehren. Sie ist nicht weniger wichtig als der Aufstieg, nur anders. Wo der Aufstieg uns lehrt zu streben, lehrt uns der Abstieg zu integrieren. Wo der Aufstieg uns herausfordert, lehrt uns der Abstieg zu bewahren. Wo der Aufstieg uns transformiert, lehrt uns der Abstieg, mit der Transformation zu leben.

Ankommen ohne anzukommen

Das Paradox des Bergsteigens - und des Lebens - ist dies: Wir kommen an, ohne jemals wirklich anzukommen. Jeder erreichte Gipfel offenbart neue Gipfel. Jede beantwortete Frage gebiert neue Fragen. Jedes erreichte Ziel verschiebt den Horizont.

Linda hatte zehn Jahre darauf hingearbeitet, Partnerin in ihrer Anwaltskanzlei zu werden. Als es endlich soweit war, als ihr Name auf dem Briefkopf stand, erwartete sie Erfüllung. Stattdessen fand sie... Normalität. "Es war anticlimactic", gesteht sie. "All die Jahre hatte ich auf diesen Moment hingearbeitet. Und dann war es nur ein weiterer Tag im Büro, nur mit mehr Verantwortung."

Aber Linda lernte etwas Wichtiges in dieser Enttäuschung. Das Ankommen ist nicht der Punkt, an dem alles perfekt wird. Es ist der Punkt, an dem wir erkennen, dass die Reise weitergeht. Dass es kein finales Ankommen gibt, nur Etappen auf einem längeren Weg.

Diese Erkenntnis kann befreiend oder frustrierend sein, je nachdem, wie wir sie rahmen. Frustrierend, wenn wir glauben, irgendwo anzukommen, wo alle Probleme gelöst sind. Befreiend, wenn wir verstehen, dass das Leben ein fortlaufendes Abenteuer ist, keine Aufgabe, die es zu lösen gilt.

Das Ankommen ohne anzukommen lehrt uns wichtige Wahrheiten über die Natur des Lebens und unserer Ziele. Es zeigt uns, dass der Wert nicht im Erreichen liegt, sondern im Werden. Dass die Freude nicht am Ziel wartet, sondern im Weg selbst wohnt. Dass wir nicht unterwegs sind, um irgendwo anzukommen, sondern um unterwegs zu sein.

Das gewonnene Selbstvertrauen

Aber auch wenn das Ankommen nicht das ist,
was wir erwarteten, bringen wir doch etwas
Kostbares vom Gipfel mit: Selbstvertrauen. Nicht
das oberflächliche Selbstvertrauen dessen, der
glaubt, alles zu können. Sondern das tiefe
Vertrauen dessen, der weiß, dass er mit dem
umgehen kann, was kommt.

Robert hatte panische Angst davor, sein sicheres
Beamtendasein aufzugeben und sich als Fotograf
selbstständig zu machen. Fünf Jahre später, nach
vielen Höhen und Tiefen, vielen durchwachten
Nächten und durchkämpften Tagen, sitzt er in
seinem Studio und reflektiert: "Die Angst ist
nicht weg. Aber ich habe gelernt, mit ihr zu
tanzen. Ich weiß jetzt: Ich überlebe Ablehnung.
Ich finde Lösungen. Ich stehe wieder auf. Dieses
Wissen ist unbezahlbar."

Dieses gewonnene Selbstvertrauen ist kein
theoretisches Konstrukt. Es ist in jeder Zelle
gespeichert, in jedem überwundenen Hindernis
verankert, in jeder gemeisterten Krise gefestigt.
Es ist das Selbstvertrauen des Kriegers, der die

Schlacht überlebt hat, nicht des Theoretikers, der über Schlachten gelesen hat.

Die Qualitäten dieses erarbeiteten Selbstvertrauens sind bemerkenswert. Es ist resilient - es übersteht Rückschläge, weil es aus Rückschlägen geboren wurde. Es ist authentisch - es muss sich nicht beweisen, weil es bereits bewiesen ist. Es ist ruhig - es braucht kein Getöse, weil es seine eigene Stärke kennt. Und es ist ansteckend - andere spüren es und vertrauen dem, der sich selbst vertraut.

Geschichten vom Gipfel

Jeder, der vom Berg zurückkehrt, bringt Geschichten mit. Nicht nur Anekdoten oder Erlebnisberichte, sondern Geschichten im tiefsten Sinn - Narrative, die Bedeutung schaffen, die inspirieren, die den Weg für andere beleuchten.

Maria saß bei einem Familientreffen, umgeben von Cousins und Tanten, die alle "vernünftige" Jobs hatten. Sie, die Künstlerin, die jahrelang belächelt wurde, erzählte von ihrer ersten Einzelausstellung. Nicht prahlend, sondern ehrlich. Von den Zweifeln, den schlaflosen Nächten, dem Moment, als die erste rote Punkt-Markierung "Verkauft" an einem ihrer Bilder klebte.

"Ich sah, wie sich etwas in den Augen meiner jüngeren Cousine veränderte", erinnert sich Maria. "Sie studierte BWL, hasste es, träumte aber davon, Modedesignerin zu werden. Meine Geschichte war kein Ratschlag. Es war ein Beweis: Es ist möglich."

Die Geschichten vom Gipfel haben eine besondere Kraft. Sie sind keine abstrakten Motivationsreden, sondern gelebte Erfahrung. Sie sagen nicht "Du kannst alles erreichen", sondern "Ich habe das erreicht, mit all meinen Schwächen, trotz all meiner Zweifel." Sie romantisieren nicht den Weg, sondern zeigen ihn in all seiner rauen Schönheit.

Diese Geschichten erfüllen wichtige Funktionen. Sie integrieren unsere eigene Erfahrung - im Erzählen verstehen wir oft erst, was wir erlebt haben. Sie inspirieren andere - nicht durch perfekte Heldenerzählungen, sondern durch menschliche Authentizität. Sie schaffen Verbindung - zwischen denen, die gegangen sind, und denen, die gehen wollen. Und sie bewahren Weisheit - nicht als trockene Lehrsätze, sondern als lebendige Narrative.

6.2 Die nächste Expedition

Kaum haben wir uns vom ersten Berg erholt, beginnt etwas Seltsames zu geschehen. Der Blick wandert zum Horizont. Andere Gipfel werden sichtbar. Höhere, fernere, herausforderndere. Und in uns regt sich wieder diese Unruhe, dieser Ruf, diese Sehnsucht nach dem nächsten Aufbruch.

Wenn ein Berg nicht genug ist

Thomas hatte sein Ziel erreicht: Ein erfolgreicher Food-Blog mit treuer Leserschaft. Zwei Jahre hatte er dafür gekämpft, jeden Tag geschrieben, fotografiert, experimentiert. Jetzt lief es. Die Leser kamen von selbst, die Werbeeinnahmen stimmten, die Anerkennung war da. "Und ich war... gelangweilt", gesteht er. "Nicht undankbar, aber unterfordert. Es war, als hätte ich eine Sprache gelernt und würde jetzt immer wieder dasselbe Gedicht aufsagen."

Diese Erfahrung ist universell unter denen, die Berge besteigen. Der erste Berg lehrt uns, dass wir Berge besteigen können. Und dieses Wissen verändert alles. Wir können nicht mehr zu denen zurückkehren, die am Fuß des Berges sitzen und von Unmöglichkeiten sprechen. Wir wissen es besser. Wir haben es erlebt.

Ein Berg ist selten genug, weil jeder bestiegene Berg uns verändert. Wir sind nicht mehr dieselbe Person, die mit dem Aufstieg begann. Unsere Kapazität ist gewachsen, unser Horizont hat sich erweitert, unser Appetit auf Leben ist größer geworden. Was uns einmal als unmögliche

Herausforderung erschien, ist jetzt bewältigte Vergangenheit. Was uns einmal ausfüllte, füllt uns nicht mehr aus.

Dies ist kein Zeichen von Undankbarkeit oder Ruhelosigkeit. Es ist das natürliche Wachstum eines Menschen, der seinen Mut entdeckt hat. Wie ein Muskel, der durch Training stärker wird und nach größeren Gewichten verlangt, verlangt unsere erwachte Lebendigkeit nach neuen Bergen.

Größere Herausforderungen wählen

Die Kunst liegt darin, die richtige nächste Herausforderung zu wählen. Nicht aus Ego oder Ehrgeiz, sondern aus einem tiefen Verständnis unseres eigenen Wachstumspfades.

Sandra hatte ihre Angst vor öffentlichen Auftritten überwunden und sprach jetzt regelmäßig auf kleinen Events. Der nächste logische Schritt schien eine größere Bühne zu sein. "Aber das fühlte sich falsch an", erzählt sie. "Mehr vom Gleichen, nur größer. Dann erkannte ich: Meine nächste Herausforderung war nicht eine größere Bühne, sondern eine tiefere

Botschaft. Nicht mehr Menschen zu erreichen, sondern die Menschen tiefer zu erreichen."

Die Wahl der nächsten Herausforderung folgt anderen Gesetzen als die erste. Bei der ersten ging es darum, überhaupt aufzubrechen. Bei der nächsten geht es darum, weise zu wählen. Die Kriterien haben sich verschoben.

Die neue Herausforderung sollte uns fordern, aber nicht zerbrechen. Sie sollte auf dem Gelernten aufbauen, aber neue Territorien erschließen. Sie sollte unseren Werten entsprechen, die sich durch die erste Reise geklärt haben. Und sie sollte nicht nur uns dienen, sondern auch anderen - denn das ist eine der großen Lektionen des ersten Berges: Wahre Erfüllung kommt, wenn unsere persönliche Herausforderung zum Dienst wird.

Das Leben als Bergkette

Mit der Zeit beginnen wir zu verstehen: Das Leben ist keine einzelne Gipfelbesteigung. Es ist eine ganze Bergkette, die sich bis zum Horizont erstreckt. Gipfel und Täler, steile Aufstiege und sanfte Hügel, gefährliche Grate und friedliche Hochebenen - alles ist Teil der Landschaft unseres Lebens.

Diese Perspektive verändert fundamental, wie wir an Herausforderungen herangehen. Ein einzelner Berg kann überwältigen. Eine Bergkette lädt zum Wandern ein. Ein einzelner Gipfel suggeriert ein finales Ziel. Eine Bergkette zeigt, dass die Reise das Ziel ist.

Michael, jetzt 60, blickt zurück auf ein Leben voller "Berge": Die Firmengründung in den 30ern. Die Scheidung und Neuorientierung in den 40ern. Die Pflegebedürftigkeit der Eltern in den 50ern. Jeder Berg lehrte andere Lektionen, forderte andere Stärken, entwickelte andere Aspekte seiner Persönlichkeit. "Ich verstehe jetzt", sagt er, "dass es nie darum ging, irgendwo anzukommen. Es ging darum, die Bandbreite des Menschseins zu erfahren. Jeder Berg war eine Facette des großen Diamanten des Lebens."

Das Leben als Bergkette zu sehen, schenkt uns Gelassenheit ohne Gleichgültigkeit. Wir nehmen jeden Berg ernst, aber wir wissen auch: Dies ist nicht der letzte. Wir geben unser Bestes, aber wir verausgaben uns nicht völlig. Wir feiern jeden Gipfel, aber wir klammern uns nicht daran fest. Wir trauern jedem Abstieg nach, aber wir wissen: Ein neuer Aufstieg wartet.

6.3 Der ewige Bergsteiger

Am Ende dieser Betrachtung steht eine Figur:
Der ewige Bergsteiger. Nicht getrieben von
Ruhelosigkeit, sondern bewegt von Lebendigkeit.
Nicht flüchtend vor der Stille, sondern tanzend
mit dem Leben.

Eine neue Identität

Die Transformation vom Ausrüstungssammler
zum Bergsteiger ist fundamental. Es ist nicht nur
eine Änderung der Aktivität, sondern eine
Metamorphose der Identität. Wo einst
Vorbereitung war, ist jetzt Aktion. Wo einst
Theorie war, ist jetzt Erfahrung. Wo einst Angst
war, ist jetzt respektvoller Mut.

Diese neue Identität hat charakteristische
Merkmale. Der ewige Bergsteiger erkennt man
nicht an seiner Ausrüstung, sondern an seiner
Haltung. Er trägt Leichtigkcit, wo andere
Schwere tragen. Er sieht Möglichkeiten, wo
andere Hindernisse sehen. Er findet Wege, wo
andere Sackgassen finden.

Elena, einst die ewige Planerin, ist jetzt eine
Seriengründerin. Nicht aus Sucht nach Erfolg,
sondern aus Freude am Erschaffen. "Ich bin wie
ein Kind in einem Sandkasten", lacht sie. "Ich
baue Burgen, nicht um sie zu besitzen, sondern
um die Freude des Bauens zu erleben. Manche

bleiben stehen, manche fallen zusammen. Beides ist okay. Ich bin schon beim nächsten."

Diese neue Identität ist nicht statisch. Sie entwickelt sich mit jedem Berg weiter. Der junge Bergsteiger ist anders als der erfahrene, der erfahrene anders als der weise. Aber allen gemeinsam ist diese grundlegende Ausrichtung: Sie sind in Bewegung. Sie sind lebendig. Sie sind unterwegs.

Vom Sammler zum Erkunder

Der Wandel vom Sammler zum Erkunder ist mehr als ein Wechsel der Tätigkeit. Es ist ein Paradigmenwechsel. Der Sammler häuft an, der Erkunder erfährt. Der Sammler hortet, der Erkunder teilt. Der Sammler fürchtet den Mangel, der Erkunder vertraut der Fülle.

Paul war jahrelang ein Sammler von Geschäftsideen. Notizbücher voller Konzepte, Festplatten voller Businesspläne. "Ich war wie ein Drache, der auf seinem Goldschatz sitzt", reflektiert er. "Reich an Ideen, arm an Umsetzung."

Der Durchbruch kam, als Paul seine beste Idee verschenkte. Ein junger Gründer suchte Rat, und Paul, in einem Moment der Großzügigkeit, teilte sein ausgereiftestes Konzept. "Ich erwartete, es zu bereuen", sagt er. "Stattdessen fühlte ich mich befreit. Und dann geschah das Wunder: Der junge Gründer setzte die Idee um, machte mich zum Partner, und gemeinsam bauten wir etwas auf, das größer war als alles, was ich allein geplant hatte."

Diese Erfahrung transformierte Paul vom Sammler zum Erkunder. Jetzt entwickelt er Ideen nicht zum Horten, sondern zum Testen. Er plant nicht für die perfekte Umsetzung, sondern für das nächste Experiment. Er sammelt nicht Sicherheiten, sondern Erfahrungen.

Der Erkunder weiß: Der wahre Schatz liegt nicht in dem, was wir besitzen, sondern in dem, was wir entdecken. Nicht in dem, was wir festhalten, sondern in dem, was wir loslassen. Nicht in dem, was wir kontrollieren, sondern in dem, was wir wagen.

Das Vermächtnis der Mutigen

Am Ende unserer Reise stellt sich die Frage nach dem Vermächtnis. Was hinterlassen die ewigen Bergsteiger? Keine Denkmäler aus Stein, sondern Spuren in den Herzen. Keine perfekten Pläne, sondern gelebte Beispiele. Keine Garantien, sondern Inspirationen.

Das Vermächtnis der Mutigen ist vielfältig und oft unsichtbar. Es ist die Tochter, die sich traut zu malen, weil sie ihre Mutter malen sah. Der Kollege, der endlich kündigt, weil er sah, dass es möglich ist. Die Fremde im Café, die ein überhörtes Gespräch über Mut zum Anlass nimmt, ihren eigenen Berg in Angriff zu nehmen.

Carmen, jetzt 75, blickt auf ein Leben voller Berge zurück. Keine spektakulären Berge - sie wurde weder berühmt noch reich. Aber authentische Berge: Die Entscheidung, als erste in ihrer Familie zu studieren. Der Mut, einen gewalttätigen Mann zu verlassen. Die Kraft, ein Kind allein großzuziehen. Die Courage, mit 50 nochmal neu anzufangen.

"Mein Vermächtnis?", überlegt sie. "Meine Enkelin sagte neulich zu mir: 'Oma, wegen dir weiß ich, dass ich alles schaffen kann.' Das ist mein Vermächtnis. Nicht dass sie alles schaffen kann - das ist eine Illusion. Sondern dass sie es versuchen wird. Dass sie nicht am Fuß des Berges sitzen bleibt."

Das Vermächtnis der Mutigen multipliziert sich. Jeder, der aufbricht, gibt anderen die Erlaubnis aufzubrechen. Jeder, der seinen Berg besteigt, zeigt, dass Berge bestiegen werden können. Jeder, der seine Ausrüstungssucht überwindet und losgeht, befreit andere aus ihrer eigenen Sammlerfalle.

Dieses Vermächtnis braucht keine Worte. Es spricht durch die Tat. Es lehrt durch das Beispiel. Es inspiriert durch die schiere Existenz. Die Welt braucht keine weiteren Ratgeber, die erklären, wie man Berge besteigt. Sie braucht Menschen, die es tun. Menschen, die den Mut haben, unperfekt loszugehen. Menschen, die zeigen, dass das Leben nicht in der Vorbereitung liegt, sondern im Leben selbst.

Am Ende ist das die größte Entdeckung des ewigen Bergsteigers: Der Berg war nie das Ziel. Der Berg war der Lehrer. Er lehrte uns, wer wir sind, wenn wir allen Ballast abwerfen. Er zeigte uns, wozu wir fähig sind, wenn wir unserer Angst ins Auge blicken. Er schenkte uns die Erfahrung, dass das Leben nicht darauf wartet, gelebt zu werden - es wird gelebt in jedem Schritt, den wir wagen.

Die Ausrüstung liegt hinter uns. Der Gipfel liegt hinter uns. Vor uns liegt der nächste Berg. Und in uns liegt die Gewissheit: Wir sind bereit. Nicht perfekt vorbereitet, aber bereit. Nicht angstfrei, aber mutig. Nicht wissend, was kommt, aber vertrauend, dass wir damit umgehen können.

Der Berg ruft. Und wir antworten. Nicht mit Worten, sondern mit Schritten. Nicht morgen, sondern heute. Nicht perfekt, sondern menschlich.

Das ist das Leben des ewigen Bergsteigers: Ein fortlaufendes Ja zum Abenteuer des Lebens. Ein beständiges Nein zur Lähmung der Perfektion. Ein ewiges Unterwegssein, nicht um anzukommen, sondern um lebendig zu sein.

Der nächste Berg wartet. Worauf warten wir noch?

Abschluss: Der Berg ruft

Wir sind am Ende unserer gemeinsamen Reise angelangt, und doch stehen wir erst am Anfang. Denn das ist das Paradox jedes guten Buches über das Handeln: Es endet dort, wo das eigentliche Abenteuer beginnt - bei Ihnen, beim Leser, bei der Entscheidung, die nur Sie treffen können.

Lassen Sie uns noch einmal zurückblicken auf den Weg, den wir gemeinsam gegangen sind. Wir begannen am Fuß des Berges, bei Thomas und seiner Ausrüstungssammlung, bei all den Menschen, die ihr Leben damit verbringen, sich auf ein Leben vorzubereiten, das sie niemals leben werden. Wir erkannten das Basislager der

Sorge als das, was es ist: ein goldener Käfig, komfortabel ausgestattet, aber ein Käfig nonetheless.

Wir durchschauten die Ausrüstungssucht unserer Zeit, diese moderne Krankheit, die uns glauben lässt, wir bräuchten nur das richtige Werkzeug, die perfekte Vorbereitung, die idealen Bedingungen, um endlich loszugehen. Wir sahen, wie die Industrie der Selbstoptimierung uns in einer endlosen Schleife des Sammelns gefangen hält, wie die Überinformation zur Lähmung führt, wie die Suche nach Sicherheit selbst zum größten Risiko wird.

Dann kam der Moment des Aufbruchs. Der erste Schritt, unperfekt aber real. Mit leichtem Gepäck, befreit vom Ballast der übertriebenen Vorbereitung. Wir lernten, dass kleine Schritte große Wirkung haben, dass Momentum sich aufbaut, dass frühe Erfolge gefeiert werden wollen.

Unterwegs entdeckten wir den Rhythmus des Gehens, die Weisheit des Körpers, die Kunst der Anpassung. Wir lernten, dass Pläne wichtig sind, aber Flexibilität wichtiger. Dass wir allein gehen und doch nie allein sind. Dass jeder Wetterwechsel eine Lektion bereithält, jeder Umweg ein Geschenk sein kann.

Wir erreichten Aussichtspunkte und erfuhren Momente der Klarheit. Wir lernten die Kunst des Innehaltens, kultivierten Dankbarkeit, entdeckten das besondere Glück, das nur durch Anstrengung zugänglich ist. Wir sahen aus der Höhe, was aus dem Tal nicht sichtbar war, und integrierten diese Perspektive in unser Sein.

Und schließlich stiegen wir wieder ab, aber nicht als dieselben. Wir trugen das gewonnene Selbstvertrauen mit uns, die Geschichten vom Gipfel, die Sehnsucht nach neuen Bergen. Wir erkannten das Leben als Bergkette, verstanden uns selbst als ewige Bergsteiger, transformierten uns vom Sammler zum Erkunder.

Die wichtigsten Lektionen

Was sind die Kernwahrheiten, die der Berg uns gelehrt hat?

Erste Lektion: Perfekte Vorbereitung ist eine Illusion. Es wird nie einen Moment geben, in dem alle Sterne richtig stehen, alle Risiken eliminiert sind, alle Fragen beantwortet wurden. Der Glaube an diesen Moment ist die subtilste Form der Selbstsabotage.

Zweite Lektion: Der erste Schritt verändert alles. Mit dem ersten Schritt verlassen wir die Welt der Möglichkeiten und betreten die Welt der Tatsachen. Dieser Übergang ist beängstigend und befreiend zugleich. Er macht uns von Träumenden zu Handelnden.

Dritte Lektion: Leichtigkeit schlägt Schwere. Je weniger Ballast wir tragen, desto weiter kommen wir. Das gilt für physische Ausrüstung ebenso wie für mentale Konzepte, emotionale Altlasten, übernommene Erwartungen.

Vierte Lektion: Der Weg lehrt uns, was kein Buch lehren kann. Alle Theorie der Welt kann die Erfahrung nicht ersetzen. Der Berg ist ein geduldiger aber unnachgiebiger Lehrer. Er lehrt durch direkte Erfahrung, nicht durch Konzepte.

Fünfte Lektion: Anpassungsfähigkeit ist wichtiger als der perfekte Plan. Das Leben hält sich nicht an unsere Pläne. Die Fähigkeit, mit dem Unerwarteten zu tanzen, ist wertvoller als der ausgeklügeltste Masterplan.

Sechste Lektion: Wahre Sicherheit kommt von innen. Nicht die Eliminierung aller Risiken macht uns sicher, sondern das Vertrauen in unsere Fähigkeit, mit dem umzugehen, was kommt. Dieses Vertrauen entsteht nur durch Erfahrung.

Siebte Lektion: Der Gipfel ist nicht das Ende.
Jeder erreichte Gipfel offenbart neue Horizonte.
Das Leben ist keine einzelne Gipfelbesteigung,
sondern eine endlose Bergkette. Und das ist gut
so.

Ihr persönlicher Gipfel

Während Sie diese Zeilen lesen, wartet Ihr
persönlicher Berg auf Sie. Ich weiß nicht, wie er
aussieht. Vielleicht ist es der Roman, den Sie seit
Jahren schreiben wollen. Das Unternehmen, das
Sie gründen möchten. Die Weltreise, von der Sie
träumen. Die Beziehung, die Sie sich wünschen.
Die Veränderung, die Sie fürchten und ersehnen
zugleich.

Was ich weiß, ist dies: Ihr Berg unterscheidet sich
nicht fundamental von all den Bergen, über die
wir gesprochen haben. Er mag höher oder
niedriger sein, steiler oder sanfter, bekannter oder
fremder. Aber er folgt denselben Gesetzen. Er
wartet nicht auf Ihre perfekte Vorbereitung. Er
fragt nicht nach Ihrer vollständigen Ausrüstung.
Er kümmert sich nicht um Ihre ausgeklügelten
Pläne.

Er fragt nur eines: Wirst du kommen?

Und hier ist die Wahrheit, die Sie vielleicht schon spüren: Sie wissen bereits, was Ihr Berg ist. Er ruft Sie seit Jahren, vielleicht seit Jahrzehnten. Sie haben seinen Ruf übertönt mit Ausreden, übertüncht mit Aktivitäten, betäubt mit Ablenkungen. Aber er ist noch da. Geduldig. Beharrlich. Wartend.

Der erste Schritt beginnt jetzt

Dieses Buch endet hier, aber Ihre Geschichte beginnt jetzt. Nicht morgen, nicht nächste Woche, nicht wenn die Bedingungen besser sind. Jetzt.

Was ist der kleinste mögliche Schritt in Richtung Ihres Berges? Nicht der perfekte Schritt, nicht der impressive Schritt, nur der nächste mögliche Schritt. Vielleicht ist es:

- Eine E-Mail schreiben

- Ein Telefonat führen

- Eine Seite schreiben

- Eine Skizze anfertigen

- Ein Gespräch beginnen

- Eine Anmeldung ausfüllen

- Eine Kündigung schreiben

- Ein "Ja" sagen

- Ein "Nein" sagen

Was auch immer es ist - tun Sie es heute. Nicht perfekt. Nicht vollständig vorbereitet. Nicht ohne Angst. Aber tun Sie es.

Denn hier ist das letzte Geheimnis, das der Berg nur denen offenbart, die wirklich aufbrechen: Die Angst verschwindet nicht. Die Zweifel lösen sich nicht auf. Die Unsicherheit bleibt. Aber in dem Moment, in dem wir trotzdem gehen, verwandeln sie sich von Feinden zu Begleitern. Die Angst wird zur Energie. Die Zweifel werden zur Demut. Die Unsicherheit wird zur Offenheit.

Sie haben dieses Buch nicht zufällig gelesen. Es hat Sie gefunden, weil Sie bereit sind. Nicht perfekt bereit - niemand ist das. Aber bereit genug. Bereit, die Ausrüstungssammlung zu beenden und die Expedition zu beginnen. Bereit, vom Planer zum Geher zu werden. Bereit, Ihr ungelebtes Leben endlich zu leben.

Der Berg ruft. Er hat immer gerufen. Aber jetzt, in diesem Moment, haben Sie die Wahl: Werden Sie seinem Ruf folgen oder werden Sie dieses Buch zu Ihrer Sammlung hinzufügen, ein weiteres Stück Ausrüstung für eine Reise, die nie beginnt?

Die Entscheidung liegt bei Ihnen. Sie lag immer bei Ihnen. Aber jetzt wissen Sie es.

Der Pfad beginnt vor Ihrer Tür. Der erste Schritt wartet auf Ihren Fuß. Der Berg steht bereit, Ihnen seine Geheimnisse zu offenbaren.

Die Zeit der Vorbereitung ist vorbei. Die Zeit des Lebens beginnt jetzt.

Gehen Sie los. Unperfekt. Ängstlich vielleicht. Aber gehen Sie.

Der Berg wartet nicht ewig. Aber er wartet jetzt. Auf Sie.

Was werden Sie tun?

Anhang

Checkliste: Von der Vorbereitung zur Aktion

Diese Checkliste hilft Ihnen zu erkennen, ob Sie noch in der Vorbereitungsphase gefangen sind oder bereit für den Aufbruch. Seien Sie ehrlich zu sich selbst.

Warnsignale der ewigen Vorbereitung: □ Sie lesen seit mehr als 6 Monaten über Ihr Projekt, ohne konkrete Schritte unternommen zu haben □ Sie haben mehr Ausrüstung/Tools/Bücher als praktische Erfahrung □ Sie verschieben den Start immer wieder ("Nach diesem Kurs...", "Wenn ich mehr Geld habe...", "Nächstes Jahr...") □ Sie können stundenlang über Ihr Vorhaben theoretisieren, haben aber keine konkreten Ergebnisse vorzuweisen □ Ihre Pläne werden immer detaillierter und komplexer, statt einfacher und umsetzbarer □ Sie warten auf den "perfekten Moment" zum Starten □ Sie sammeln Zertifikate und Qualifikationen für etwas, das Sie noch nie praktiziert haben □ Die Angst vor dem Scheitern lähmt Sie mehr als sie Sie motiviert

Zeichen der Bereitschaft zum Aufbruch: □ Sie akzeptieren, dass Sie nie vollständig bereit sein werden □ Sie haben ein klares, einfaches erstes Ziel definiert (nicht das Endziel!) □ Sie wissen, was der kleinste mögliche erste Schritt ist □ Sie sind bereit, mit dem zu beginnen, was Sie jetzt haben □ Sie verstehen, dass Fehler Teil des Lernprozesses sind □ Sie haben aufgehört, auf externe Erlaubnis zu warten □ Sie spüren mehr Aufregung als Angst (auch wenn die Angst noch da ist) □ Sie sind bereit, heute zu beginnen, nicht morgen

Der Realitäts-Check:

- Wenn Sie mehr als 4 Warnsignale angekreuzt haben: Sie sind in der Vorbereitungsfalle

- Wenn Sie mehr als 5 Zeichen der Bereitschaft angekreuzt haben: Es ist Zeit loszugehen

- Wenn es gemischt ist: Der erste kleine Schritt wird Klarheit bringen

Übungen für den täglichen Aufstieg

Diese praktischen Übungen helfen Ihnen, vom Sammler zum Bergsteiger zu werden. Wählen Sie eine oder zwei aus, die Sie ansprechen, und praktizieren Sie sie konsequent.

1. Die 5-Minuten-Regel Arbeiten Sie jeden Tag 5 Minuten an Ihrem "Berg" - nicht mehr, aber auch nicht weniger. Keine Vorbereitung, keine Planung, nur Tun. Schreiben Sie 5 Minuten. Üben Sie 5 Minuten. Arbeiten Sie 5 Minuten. Die Hürde ist so niedrig, dass keine Ausrede gilt.

2. Das Unperfekte-Erste-Mal Tun Sie diese Woche eine Sache, die mit Ihrem Berg zu tun hat, bewusst unperfekt:

- Veröffentlichen Sie einen ersten, nicht perfekten Blogpost

- Spielen Sie ein Lied vor einem Freund, auch wenn Sie noch Fehler machen

- Zeigen Sie jemandem Ihre unfertigen Skizzen

- Pitchen Sie Ihre rohe Idee

Das Ziel: Die Angst vor Unperfektheit durch Erfahrung zu überwinden.

3. Der Ausrüstungs-Stopp Verhängen Sie einen einmonatigen Stopp für neue "Ausrüstung":

- Keine neuen Bücher über Ihr Thema

- Keine neuen Tools oder Apps

- Keine neuen Kurse oder Tutorials

- Stattdessen: Arbeiten Sie mit dem, was Sie haben

4. Das Momentum-Tagebuch Dokumentieren Sie jeden Abend in einem Satz, was Sie heute für Ihren Berg getan haben. Egal wie klein. Der visuelle Beweis des Fortschritts baut Momentum auf. Nach 30 Tagen werden Sie erstaunt sein, wie weit Sie gekommen sind.

5. Die Wegbegleiter-Suche Finden Sie diese Woche einen Menschen, der bereits auf einem ähnlichen Berg unterwegs ist. Nicht um Ratschläge zu bekommen, sondern um zu sehen: Es ist möglich. Es wird gemacht. Menschen wie ich tun das.

6. Die Angst-Interview-Technik Wenn die Angst Sie lähmt, interviewen Sie sie:

- Was genau befürchtest du?

- Was ist das Schlimmste, was passieren könnte?

- Wie wahrscheinlich ist das wirklich?

- Was würde ich tun, wenn es eintritt?

- Was kostet es mich, wenn ich nicht handle?

Schreiben Sie die Antworten auf. Oft verliert die Angst ihre Macht, wenn sie konkret wird.

7. Der Erste-Schritte-Kalender Markieren Sie in Ihrem Kalender jeden Tag, an dem Sie einen Schritt in Richtung Berg gemacht haben, mit einem X. Versuchen Sie, keine Kette von X-en zu unterbrechen. Diese visuelle Methode macht Fortschritt sichtbar und motiviert zur Kontinuität.

Reflexionsfragen für Ihre Reise

Diese Fragen begleiten Sie auf verschiedenen Etappen Ihres Weges. Nehmen Sie sich regelmäßig Zeit, ehrlich darüber nachzudenken.

Vor dem Aufbruch:

- Was ist mein Berg wirklich? (Seien Sie spezifisch)

- Wie lange "bereite ich mich schon vor"?

- Was ist meine größte Angst bezüglich des ersten Schritts?

- Was kostet es mich emotional, wenn ich noch ein weiteres Jahr warte?

- Welche Ausrüstung/Vorbereitung ist wirklich essentiell und welche ist Prokrastination?

- Wer bin ich, wenn ich nicht mehr der bin, der sich vorbereitet?

Beim ersten Schritt:

- Wie fühlt es sich an, endlich in Bewegung zu sein?

- Was war einfacher als erwartet? Was war schwieriger?

- Welche meiner Befürchtungen haben sich bewahrheitet? Welche nicht?

- Was hätte ich wirklich nicht gebraucht von all meiner Vorbereitung?

- Was lerne ich gerade, das kein Buch mir beibringen konnte?

Unterwegs:

- Habe ich meinen eigenen Rhythmus gefunden?

- Wo kämpfe ich noch gegen den Prozess statt mit ihm zu fließen?

- Welche unerwarteten Geschenke hat mir der Weg bereits gemacht?

- Wer sind meine Wegbegleiter geworden?

- Wie hat sich meine Perspektive auf den "Gipfel" verändert?

- Was würde ich jemandem raten, der noch am Fuß des Berges steht?

An Aussichtspunkten:

- Was sehe ich jetzt, was ich vorher nicht sehen konnte?

- Wie hat der Weg mich bereits verändert?

- Wofür bin ich dankbar?

- Welche Ängste haben sich als unbegründet erwiesen?

- Was ist meine wichtigste Lernerfahrung bis hierher?

- Wie definiere ich Erfolg jetzt im Vergleich zu vorher?

Bei der Rückkehr/Vor neuen Bergen:

- Was nehme ich von diesem Berg mit?

- Wie hat diese Erfahrung meine Kapazität für neue Herausforderungen verändert?

- Was würde ich beim nächsten Mal anders machen?

- Welche Weisheit kann ich mit anderen teilen?

- Welcher Berg ruft mich als nächstes?

- Wie kann meine Erfahrung anderen dienen?

Mantras für unterwegs:

- "Der nächste Schritt genügt."

- "Fortschritt, nicht Perfektion."

- "Ich bin unterwegs, das ist genug."

- "Jeder Gipfel war einmal unerreichbar."

- "Mut ist Angst, die gebetet hat."

- "Das Leben beginnt am Ende der Komfortzone."

Die wichtigste Erinnerung: Sie haben dieses Buch nicht gelesen, um Ihre Sammlung von Ratgebern zu erweitern. Sie haben es gelesen, weil etwas in Ihnen bereit ist aufzubrechen. Ehren Sie diesen Impuls. Vertrauen Sie diesem Ruf.

Der Unterschied zwischen denen, die ewig vorbereiten, und denen, die leben, ist oft nur ein einziger mutiger Moment. Ein einziger erster Schritt. Eine einzige Entscheidung, es zu wagen.

Möge dies Ihr Moment sein.

Der Berg wartet. Ihre Geschichte wartet darauf, gelebt zu werden.

Gehen Sie los.